Einladung zum Apéro

Lieben Sie feine Häppchen zu einem Glas auch so sehr
wie wir? Dann laden wir Sie herzlich ein zu einem Apéro mit
über 130 neuen Kleinigkeiten zum Schwelgen!

Sie dürfen knabbern, aufspiessen und dippen. Aufgabeln und
auslöffeln. Backen und teilen. Füllen und belegen …
Hier finden Sie eine riesige Auswahl an feinsten Apéro-
Häppchen und köstlichem Fingerfood.

Sie wählen eine, zwei oder sogar drei Ideen für Ihren Apéro.
Oder servieren Sie statt eines Nachtessens mehrere
Häppchen: Apéro dinatoire, so heisst diese entspannte Ein-
ladung, denn Sie können alles bequem vorbereiten.

Cheers, auf genüssliche Stunden mit Ihren Lieben!

Ihr Betty Bossi Team

Herausgegeben von der Betty Bossi AG, Postfach, 8021 Zürich.

Inhalt

Aufspiessen, dippen und knabbern

Blättern Sie schnell weiter. In diesem Kapitel gibt es so viele einfache, aber raffinierte Ideen für Ihren Apéro zu entdecken!

Hackbällchen vom Blech

⏱ **15 Min. + 20 Min. backen**

Ergibt ca. 20 Stück

1 **Scheibe Toastbrot** **2 EL** **Milch** **1** **Zwiebel** **3** **Zweiglein Petersilie** **400 g** **Hackfleisch** (Rind und Schwein) **1 EL** **Senf** **¼ TL** **Edelsüss-Paprika** **½ TL** **Salz** **1 EL** **Olivenöl**	Ofen auf 220 Grad vorheizen. Toastbrot zerzupfen, mit der Milch mischen. Zwiebel schälen, fein hacken, Petersilie fein schneiden, beides beigeben. Hackfleisch, Senf, Paprika und Salz daruntermischen, von Hand gut kneten, bis sich die Zutaten zu einer kompakten Masse verbinden. Masse mit nassen Händen zu ca. 20 Bällchen formen, auf einem mit Backpapier belegten Blech verteilen. Bällchen mit dem Öl bestreichen.
	Backen: ca. 20 Min. in der Mitte des Ofens, dabei Bällchen einmal wenden.

Stück: 47 kcal, F 3 g, Kh 1 g, E 4 g

Aprikosen-Chutney

⏱ **35 Min.**  **vegetarisch**   **glutenfrei**   **laktosefrei**

Ergibt ca. 3 dl

1 **Zwiebel** **1** **Knoblauchzehe** **250 g** **tiefgekühlte** **Aprikosen,** angetaut **1 EL** **Weissweinessig** **1 EL** **flüssiger Honig** **½ TL** **Sambal Oelek** **¼ TL** **Salz** **2** **Zweiglein Petersilie**	Zwiebel und Knoblauch schälen, fein hacken, beides mit den Aprikosen, dem Essig, dem Honig, dem Sambal Oelek und dem Salz in einer kleinen Pfanne mischen, aufkochen. Zugedeckt bei kleiner Hitze ca. 15 Min. köcheln, grob pürieren, auskühlen. Petersilie fein schneiden, daruntermischen.

Lässt sich vorbereiten: Chutney ca. 1 Tag im Voraus zubereiten, zugedeckt im Kühlschrank aufbewahren.

Portion: 53 kcal, F 0 g, Kh 11 g, E 1 g

Pouletbällchen

⏱ **15 Min. + 20 Min. backen**   🥛 laktosefrei

Ergibt ca. 24 Stück

600 g	**Hackfleisch** (Poulet)	Ofen auf 220 Grad vorheizen.
50 g	**Cornflakes**	Hackfleisch, Cornflakes, Ei, Sesam, Curry und Salz
1	**Ei**	in einer Schüssel mischen, bis sich die Zutaten zu einer
2 TL	**Sesam**	kompakten Masse verbinden. Masse mit nassen
2 TL	**mildes Curry**	Händen zu ca. 24 Bällchen formen, auf ein mit Back-
¾ TL	**Salz**	papier belegtes Blech legen. Bällchen mit dem Öl
1 EL	**geröstetes Sesamöl**	bestreichen.

Backen: ca. 20 Min. in der Mitte des Ofens.

Tipp: Die Bällchen können anschliessend bei 60 Grad bis zu 30 Min. im Ofen warm gehalten werden.

Stück: 56 kcal, F 3 g, Kh 2 g, E 5 g

Sesam-Dip

⏱ **5 Min.**   🥕 vegetarisch   🌾 glutenfrei

Ergibt ca. 2½ dl

250 g	**Halbfettquark**	Quark glatt rühren, in ein Schälchen geben. Limette
1	**Limette**	heiss abspülen, trocken tupfen, wenig Schale dar-
2 TL	**Sesam**	überreiben, 1 TL Saft darüberpressen, Sesam darüber-
		streuen, mischen.

Portion: 76 kcal, F 4 g, Kh 3 g, E 7 g

Falafel-Spiessli

⏱ **10 Min. + 12 Min. backen**   🌿 vegan   ✖ glutenfrei   ✖ laktosefrei

Ergibt ca. 12 Stück

200 g **Falafel nature** (Karma) **½ Melone** (z. B. Charentais) **12 Pfefferminzblätter** **12 Holzspiesschen**	Falafel nach Angabe auf der Verpackung backen. Melone entkernen, schälen, in ca. 12 Stücke schneiden. Falafel, Melone und Pfefferminze an die Spiesschen stecken.

Tipp: Statt Falafel nature Falafel mit Randen (Beetroot), Falafel mit Kürbis (Pumpkin) oder Falafel mit Spinat (Spinach) verwenden.

Stück: 43 kcal, F 2 g, Kh 4 g, E 1 g

Harissa-Dip

⏱ **5 Min.**   🥕 vegetarisch   ✖ glutenfrei

Ergibt ca. 2 dl

200 g **saurer Halbrahm** **¼ TL Harissa** (siehe Hinweise) **1 TL Olivenöl** **2 TL Dukkah** (siehe Hinweise)	Sauren Halbrahm glatt rühren, in ein Schälchen geben. Harissa und Öl mischen, darauf verteilen, Dukkah darüberstreuen.

Hinweise: Harissa ist eine scharfe nordafrikanische Würzpaste. Dukkah ist eine afrikanisch-orientalische Nuss-Gewürz-Mischung. Beides ist in grösseren Coop Supermärkten erhältlich.

Portion: 98 kcal, F 10 g, Kh 2 g, E 2 g

Pouletspiessli

⏱ 10 Min. + 20 Min. backen   ⊗ glutenfrei   ⊗ laktosefrei

Ergibt 12 Stück

12	Pouletbrust-Innenfilets (ca. 500 g)	Ofen auf 200 Grad vorheizen. Poulet wellenförmig an die Spiesschen stecken, auf ein mit Backpapier belegtes Blech legen. Spiessli mit dem Öl bestreichen.
12	Holzspiesschen	
1 EL	Olivenöl	
1 EL	flüssiger Honig	**Backen:** ca. 10 Min. in der Mitte des Ofens. Herausnehmen, Honig, Öl und Salz mischen, Poulet damit bestreichen. Kokosraspel darüberstreuen, ca. 10 Min. fertig backen.
1 EL	Olivenöl	
½ TL	Salz	
2 EL	Kokosraspel	

Stück: 75 kcal, F 3 g, Kh 1 g, E 10 g

Hot Mango Salsa

⏱ 20 Min.   ⊗ laktosefrei

Ergibt ca. 3 dl

1	Mango (ca. 400 g)	Mango schälen, ¼ der Mango in Würfeli schneiden. Rest in Stücke schneiden, in eine kleine Pfanne geben. Chili entkernen, fein hacken. Chili, Currypaste und Bouillon in die Pfanne geben, unter gelegentlichem Rühren bei mittlerer Hitze ca. 10 Min. kochen, pürieren. Mangowürfeli daruntermischen.
1	roter Chili	
1 EL	gelbe Currypaste	
1 dl	Hühnerbouillon	

Portion: 58 kcal, F 1 g, Kh 12 g, E 1 g

> **TIPP**
>
> **Lässt sich vorbereiten**
> Salsa ca. 1 Tag im Voraus zubereiten, auskühlen, zugedeckt im Kühlschrank aufbewahren.

Süsskartoffel-Fritters

⏱ **10 Min. + 10 Min. backen**   ⊗ **glutenfrei**   **laktosefrei**

Apéro für 4 Personen

2	**Süsskartoffeln** (je ca. 150 g)	Ofen auf 220 Grad vorheizen. Süsskartoffeln schälen, längs in ca. 1 cm dicke Stängel schneiden, mit Öl, Salz und Pfeffer mischen. Speck halbieren, Süsskartoffelstängel damit umwickeln, auf einem mit Backpapier belegten Blech verteilen.
½ EL	**Olivenöl**	
¼ TL	**Salz**	
wenig	**Pfeffer**	
12	**Tranchen Bratspeck** (ca. 140 g)	

Backen: ca. 10 Min. in der Mitte des Ofens.

Lässt sich vorbereiten: Süsskartoffeln ca. ½ Tag im Voraus vorbereiten, zugedeckt im Kühlschrank aufbewahren. Kurz vor dem Servieren backen.

Portion: 183 kcal, F 11 g, Kh 13 g, E 8 g

Peppadew-Dip

⏱ **5 Min.**   🥕 **vegetarisch**   ⊗ **glutenfrei**

Ergibt ca. 2½ dl

30 g	**wilde Paprika aus dem Glas** (Peppadews, siehe Hinweis)	Peppadews grob hacken, Koriander grob schneiden, beides mit dem sauren Halbrahm verrühren, salzen.
3	**Zweiglein Koriander**	
200 g	**saurer Halbrahm**	
2 Prisen	**Salz**	

Hinweis: Peppadews sehen aus wie eine Kreuzung aus Mini-Peperoni und Cherry-Tomaten. Sie schmecken süss-fruchtig und zugleich pfeffrig. Sie sind in grösseren Coop Supermärkten erhältlich.

Portion: 97 kcal, F 8 g, Kh 4 g, E 2 g

Chorizo-Crevetten-Spiessli

⏱ **10 Min. + 8 Min. backen**   **glutenfrei**

Ergibt ca. 24 Stück

200 g	**Chorizo**	Ofen auf 200 Grad vorheizen.
400 g	**geschälte rohe**	Chorizo in ca. 24 gleich dicke Scheiben schneiden, mit
	Crevettenschwänze	den Crevetten an die Spiesschen stecken. Spiessli
	(Bio, ca. 24 Stück)	auf ein mit Backpapier belegtes Blech legen. Öl, Salz
24	**Holzspiesschen**	und Pfeffer mischen, Crevetten damit bestreichen.
2 EL	**Olivenöl**	
½ TL	**Salz**	
wenig	**Pfeffer**	

Backen: ca. 8 Min. in der Mitte des Ofens.

Stück: 52 kcal, F 3 g, Kh 0 g, E 5 g

Safran-Dip

⏱ **5 Min.**    **vegetarisch**   **glutenfrei**

Ergibt ca. 2 dl

150 g	**Rahmquark**	Quark, Mayonnaise, Safran und Safranfäden
3 EL	**Mayonnaise**	verrühren, salzen.
1	**Briefchen Safran**	
einige	**Safranfäden**	
2 Prisen	**Fleur de Sel**	

Lässt sich vorbereiten: Dip ca. ½ Tag im Voraus zubereiten, zugedeckt im Kühlschrank aufbewahren.

Portion: 159 kcal, F 16 g, Kh 1 g, E 3 g

Mini-Köfte

⏱ **15 Min. + 20 Min. backen**   🥛 laktosefrei

Ergibt 20 Stück

½ **Bund**	**glattblättrige Petersilie**	Ofen auf 220 Grad vorheizen.
1	**Knoblauchzehe**	Petersilie fein schneiden, Knoblauch pressen, beides in eine Schüssel geben. Hackfleisch, Ei, Couscous,
600 g	**Hackfleisch** (z. B. Rind und Lamm)	Sultaninen, Dukkah und Salz beigeben, mischen, von Hand gut kneten, bis sich die Zutaten zu einer kom-
1	**Ei**	pakten Masse verbinden. Masse mit nassen Händen
2 EL	**Couscous**	in 20 Portionen teilen, diese oval formen, an die
2 EL	**helle Sultaninen**	Spiesschen stecken, auf ein mit Backpapier belegtes
3 TL	**Dukkah** (siehe Hinweis unten)	Blech legen. Köfte mit dem Öl bestreichen.
¾ TL	**Salz**	
20	**Spiesschen**	
1 EL	**Olivenöl**	

Backen: ca. 20 Min. in der Mitte des Ofens, dabei Köfte einmal wenden.

Stück: 81 kcal, F 5 g, Kh 2 g, E 6 g

Joghurt-Dip

⏱ **5 Min.**   🥕 vegetarisch   🌾 glutenfrei

Ergibt ca. 1½ dl

150 g	**griechisches Joghurt nature**	Joghurt glatt rühren, in ein Schälchen geben. Von der Zitrone wenig Schale darüberreiben, 1 TL Saft
1	**Bio-Zitrone**	darüberpressen, Dukkah darüberstreuen, mischen.
1 TL	**Dukkah** (siehe Hinweis)	

Hinweis: Dukkah ist eine afrikanisch-orientalische Nuss-Gewürz-Mischung ägyptischer Herkunft. Erhältlich in grösseren Coop Supermärkten. <u>Ersatz:</u> Curry.

Portion: 45 kcal, F 4 g, Kh 2 g, E 1 g

Cervelat-Tortellini-Spiessli

⏱ **10 Min. + 10 Min. backen**

Ergibt ca. 24 Stück

2	**Cervelats**	Ofen auf 180 Grad vorheizen.
100 g	**Gruyère**	Cervelats schälen, in je ca. 12 Rugeli schneiden, auf
1 Päckli	**Frischteigwaren**	ein mit Backpapier belegtes Blech legen. Käse
	(z. B. Tortellini mit	in ca. 24 Würfel schneiden, mit den Tortellini an die
	Ricotta und Spinat,	Spiesschen und auf die Cervelat-Rugeli stecken.
	ca. 250 g)	Öl darüberträufeln.
24	**Holzspiesschen**	
1 EL	**Olivenöl**	

wenig	**Edelsüss-Paprika**	**Backen:** ca. 10 Min. in der Mitte des Ofens.
	oder Pfeffer	Herausnehmen, würzen, warm servieren.

Stück: 69 kcal, F 4 g, Kh 5 g, E 4 g

TIPP

Lässt sich vorbereiten

Spiessli ca. ½ Tag im Voraus vorbereiten,
zugedeckt im Kühlschrank auf-
bewahren. Kurz vor dem Servieren backen.

Speckfrüchte

⏱ **10 Min. + 12 Min. backen**   ✳ **glutenfrei**   🥛 **laktosefrei**

Apéro für 4 Personen

80 g **Gruyère**	Ofen auf 200 Grad vorheizen.
12 **entsteinte Datteln**	Käse in ca. 12 Stücke schneiden, Datteln damit füllen.
12 **Tranchen Bratspeck**	Speck halbieren, Dörraprikosen und Datteln damit
12 **Dörraprikosen**	umwickeln, auf einem mit Backpapier belegten Blech verteilen.

Backen: ca. 12 Min. in der Mitte des Ofens.

Portion: 366 kcal, F 14 g, Kh 40 g, E 14 g

TIPP

Lässt sich vorbereiten

Speckfrüchte ca. 1 Tag im Voraus vorbereiten, zugedeckt im Kühlschrank aufbewahren. Kurz vor dem Servieren backen.

Feta-Spiessli

⏱ **15 Min.**   ✎ **vegetarisch**   ✑ **glutenfrei**

Ergibt ca. 20 Stück

1	**Grapefruit**	Grapefruit heiss abspülen, trocken tupfen. Die Hälfte der Schale abreiben, beiseite stellen. Von der Grapefruit Boden und Deckel, dann Schale ringsum bis auf das Fruchtfleisch wegschneiden. Fruchtfilets (Schnitze) mit einem scharfen Messer zwischen den weissen Häutchen herausschneiden, dabei den Saft auffangen, Filets halbieren. Grapefruitsaft, Öl und Thymian mit der beiseite gestellten Grapefruitschale verrühren, würzen.
1 EL	**Rapsöl**	
1 TL	**Thymianblättchen**	
2 Prisen	**Fleur de Sel**	
wenig	**Pfeffer**	
1	**Avocado**	Avocado und Feta in je ca. 20 gleich grosse Stücke schneiden, mit den Grapefruitfilets an die Spiesschen stecken, Sauce darüberträufeln.
200 g	**Feta**	
20	**Holzspiesschen**	

Stück: 49 kcal, F 4 g, Kh 1 g, E 2 g

> **TIPP**
>
> **Variante**
> Statt Grapefruit 2 Orangen oder Blutorangen verwenden.

Melonenspiessli

⏱ 10 Min.   ✗ glutenfrei   🥛 laktosefrei

Ergibt ca. 20 Stück

½	**Melone** (z. B. Galia)	Melone halbieren, entkernen, Schale wegschneiden. Melone in ca. 20 Stücke schneiden. Basilikumblätter abzupfen. Melone, Bündnerfleisch und Basilikum an die Spiesschen stecken.
5	**Zweiglein Basilikum**	
150 g	**Bündnerfleisch in Tranchen**	
20	**Holzspiesschen**	

Stück: 17 kcal, F 0 g, Kh 1 g, E 3 g

TIPP

Varianten

Statt Bündnerfleisch Mostbröckli, Bresaola oder Rohschinken verwenden. Statt Basilikum Salbei verwenden.

Bresaola-Käse-Spiessli

⏱ 10 Min.　❌ glutenfrei　🗍 laktosefrei

Ergibt ca. 20 Stück

100 g	**Pecorino** oder Sbrinz	Käse in ca. 20 Würfel schneiden, mit der Bresaola und den Trauben an die Zahnstocher stecken.
150 g	**Bresaola in Tranchen**	
100 g	**Trauben**	
20	**Zahnstocher**	

Stück: 38 kcal, F 2 g, Kh 1 g, E 4 g

TIPP

Variante

Statt Pecorino und Bresaola Bergkäse und Bündnerfleisch verwenden.

Lässt sich vorbereiten

Spiessli ca. ½ Tag im Voraus zubereiten, zugedeckt im Kühlschrank aufbewahren.

Antipasti-Spiessli

⏱ **15 Min.**   ✖ **glutenfrei**

Ergibt ca. 20 Stück

10	**getrocknete Tomaten in Öl**
1 TL	**Aceto balsamico**
2	**Basilikumblätter**
1 Beutel	**Mozzarella Mini (ca. 285 g)**
100 g	**Salami in Tranchen**
20	**Zahnstocher**

2 TL Öl der Tomaten mit dem Aceto verrühren, Basilikum fein schneiden, beigeben. Tomaten abtropfen, längs halbieren, mit dem Mozzarella und der Salami an die Zahnstocher stecken, mit dem Würzöl beträufeln.

Stück: 74 kcal, F 6 g, Kh 1 g, E 4 g

Gurken-Melonen-Spiessli

⏱ **15 Min.**   ✐ **vegetarisch**   ✕ **glutenfrei**

Ergibt ca. 20 Stück

½	**Gurke**
½	**Melone**
	(z. B. Charentais)
200 g	**Feta**
3	**Zweiglein Pfefferminze**
20	**Holzspiesschen**
2 TL	**flüssiger Honig**
wenig	**Pfeffer**

Gurke entkernen. Melone halbieren, entkernen, Schale entfernen. Gurke, Melone und Feta in je ca. 20 Stücke schneiden. Pfefferminzblätter abzupfen. Gurke, Melone, Feta und Pfefferminze an die Spiesschen stecken. Honig darüberträufeln, würzen.

Stück: 36 kcal, F 3 g, Kh 1 g, E 2 g

> **TIPP**
>
> **Variante**
> Statt Charentais Galia- oder Wassermelone, Pfirsiche oder Aprikosen verwenden.

Gurkentaler mit Rauchlachs

⏱ **10 Min.**   ✕ **glutenfrei**

Ergibt ca. 24 Stück

1	**Gurke**
125 g	**Doppelrahm-**
	Frischkäse
	mit Meerrettich
150 g	**geräucherter Lachs**
	in Tranchen
3	**Zweiglein Dill**
wenig	**Pfeffer**

Gurke nach Belieben schälen, in ca. 1 cm dicke Scheiben schneiden, mit dem Frischkäse bestreichen. Lachs in Stücke zupfen, Dill abzupfen, beides auf den Gurkenscheiben verteilen, würzen.

Stück: 37 kcal, F 3 g, Kh 0 g, E 2 g

TIPP

Variante

Statt geräucherten Lachs Graved-Lachs oder geräucherte Forelle verwenden.

Gemüse mit Ingwer-Dip

⏱ **15 Min.**   🥕 **vegetarisch**   🌾 **glutenfrei**

Für 8 Gläser von je ca. 1 dl

1	**Limette**	Limette heiss abspülen, trocken tupfen, wenig Schale abreiben, 1 EL Saft auspressen, beides in eine Schüssel geben. Ingwer fein dazureiben. Sauermilch und Mayonnaise beigeben, salzen, verrühren. Dip in die Gläser verteilen.
2 cm	**Ingwer**	
180 g	**Dessert Extrafin** (Sauermilch)	
3 EL	**Mayonnaise**	
2 Prisen	**Salz**	

1	**Fenchel**	Fenchel und Peperoni in Streifen schneiden, Rüebli schälen. Gemüse in die Gläser verteilen.
1	**rote Peperoni**	
8	**Bundrüebli** mit wenig Grün	

Portion: 108 kcal, F 8 g, Kh 6 g, E 2 g

TIPP

Lässt sich vorbereiten

Dip und Gemüse ca. ½ Tag im Voraus vorbereiten, separat zugedeckt im Kühlschrank aufbewahren. Kurz vor dem Servieren anrichten.

Croûton-Stangen mit Thonsauce

⏱ **15 Min.**

Apéro für 4 Personen

1 Dose	**Thon in Salzwasser** (MSC, ca. 100 g)	Thon abtropfen, zerzupfen, mit der Crème fraîche verrühren. Schnittlauch fein schneiden, Kapern grob hacken, beides beigeben, würzen.
200 g	**Crème fraîche**	
1 Bund	**Schnittlauch**	
1 EL	**Kapern**	
¼ TL	**Edelsüss-Paprika**	
¼ TL	**Salz**	
100 g	**Brot**	Brot in Scheiben, dann in Stängel schneiden. Bratbutter in einer beschichteten Bratpfanne heiss werden lassen. Brotstängel rundum ca. 4 Min. knusprig braten, würzen.
2 EL	**Bratbutter**	
wenig	**Edelsüss-Paprika**	
2 Prisen	**Salz**	

Portion: 303 kcal, F 23 g, Kh 14 g, E 10 g

TIPP

Lässt sich vorbereiten

Thonsauce und Croûton-Stangen ca. ½ Tag im Voraus zubereiten. Sauce zugedeckt im Kühlschrank aufbewahren.

Crudités mit Senf-Dip

⏱ 20 Min. 🥕 vegetarisch 🌾 glutenfrei

Apéro für 4 Personen

½ Bund	glattblättrige Petersilie	Petersilie fein schneiden, mit dem Quark und dem Senf verrühren, würzen.
250 g	Halbfettquark	
2 EL	grobkörniger Senf	
2 Prisen	Fleur de Sel	
wenig	Pfeffer	
3	Rüebli	Rüebli schälen, mit dem Stangensellerie in Stängel schneiden, Radiesli vierteln.
200 g	Stangensellerie	
1 Bund	Radiesli mit wenig Grün	

Portion: 111 kcal, F 4 g, Kh 9 g, E 8 g

> **TIPP**
>
> **Schneller**
> Statt Dip selber machen, gekaufte Sauce servieren (z. B. Cocktail-, Curry-, Knoblauch- oder Tartarsauce).

Pouletknusperli

⏱ 15 Min. + 30 Min. backen   ▣ laktosefrei

Ergibt ca. 30 Stück

3	**Pouletbrüstli**	Ofen auf 200 Grad vorheizen.
	(ca. 500 g)	Pouletbrüstli in ca. 2 cm grosse Würfel schneiden. Mehl
3 EL	**Mehl**	in einen flachen Teller geben. Ei in einem tiefen Teller
1	**Ei**	verklopfen, Paniermehl in einen flachen Teller geben.
100 g	**Paniermehl**	Poulet würzen, portionenweise im Mehl wenden,
½ TL	**Salz**	überschüssiges Mehl abschütteln, im Ei, dann im Pa-
wenig	**Pfeffer**	niermehl wenden, Panade gut andrücken. Poulet
3 EL	**Olivenöl**	auf einem mit Backpapier belegten Blech verteilen,
		mit dem Öl beträufeln.

Backen: ca. 30 Min. in der Mitte des Ofens, dabei Knusperli einmal wenden.

Stück: 47 kcal, F 2 g, Kh 3 g, E 5 g

Erdnusssauce

⏱ 15 Min.   🍃 vegan   ▣ laktosefrei

Ergibt ca. 3 dl

60 g	**gesalzene Erdnüsse**	Erdnüsse mit Kokosmilch, Sultaninen und Sojasauce
2½ dl	**Kokosmilch**	pürieren. Sauce aufkochen, Hitze reduzieren, unter
2 EL	**dunkle Sultaninen**	gelegentlichem Rühren ca. 5 Min. köcheln, etwas ab-
2 EL	**Sojasauce**	kühlen.

Portion: 238 kcal, F 19 g, Kh 9 g, E 6 g

<table>
<tr><td align="center">

TIPP

Lässt sich vorbereiten
Sauce ca. 1 Tag im Voraus
zubereiten, auskühlen, zugedeckt im
Kühlschrank aufbewahren.

</td></tr>
</table>

Fischknusperli

⏱ **20 Min. + 20 Min. backen**   ⬜ laktosefrei

Ergibt ca. 25 Stück

350 g	**Forellenfilets ohne Haut**	Ofen auf 200 Grad vorheizen. Fischfilets mit einer Pinzette von allfälligen Gräten befreien. Filets in ca. 3 cm breite Streifen schneiden. Öl, Salz und Wasabi-Paste in einer Schüssel verrühren, Fisch beigeben, mischen.
2 EL	**Olivenöl**	
½ TL	**Salz**	
1 TL	**Wasabi-Paste**	
50 g	**Panko** oder Paniermehl	Panko in einen tiefen Teller geben. Fischfilets portionenweise im Panko wenden, Panade leicht andrücken. Fisch auf einem mit Backpapier belegten Blech verteilen, mit dem Öl beträufeln.
2 EL	**Olivenöl**	
1	**Limette**	**Backen:** ca. 20 Min. in der Mitte des Ofens, dabei Knusperli einmal wenden. Limette in Schnitze schneiden, dazu servieren.

Stück: 44 kcal, F 3 g, Kh 2 g, E 4 g

Wasabi-Dip

⏱ **5 Min.**    vegetarisch    glutenfrei

Ergibt ca. 2 dl

1	**Limette**	Limette heiss abspülen, trocken tupfen, wenig Schale abreiben, 1 TL Saft auspressen. Beides mit dem sauren Halbrahm, der Wasabi-Paste und dem Salz verrühren. Nüsse grob hacken, darüberstreuen.
200 g	**saurer Halbrahm**	
½ TL	**Wasabi-Paste**	
2 Prisen	**Salz**	
50 g	**Wasabi-Nüsse**	

Portion: 147 kcal, F 12 g, Kh 6 g, E 5 g

Hummus

⏱ **20 Min.**   🌿 **vegan**   ⊗ **glutenfrei**   🥛 **laktosefrei**

Apéro für 4 Personen

1 Dose	**Kichererbsen** (ca. 400 g)	Kichererbsen abspülen, abtropfen, Knoblauch schälen, halbieren. Kichererbsen, Knoblauch, Tahina, Wasser, Zitronensaft und Kreuzkümmel pürieren, würzen.
1	**Knoblauchzehe**	
100 g	**Tahina** (siehe Hinweis)	
1 dl	**Wasser**	
1 EL	**Zitronensaft**	
½ TL	**Kreuzkümmelpulver**	
½ TL	**Salz**	
wenig	**Pfeffer**	
1 Dose	**Kichererbsen** (ca. 215 g)	Kichererbsen abspülen, abtropfen. Öl in einer Bratpfanne heiss werden lassen, Kichererbsen ca. 4 Min. knusprig braten.
1 EL	**Olivenöl**	
1	**Tomate**	Tomate entkernen, in Würfeli schneiden. Hummus anrichten, Kichererbsen und Tomate darauf verteilen. Öl darüberträufeln.
2 TL	**Olivenöl**	

Portion: 313 kcal, F 21 g, Kh 19 g, E 12 g

TIPP

Varianten

Statt Tahina 100 g griechisches Joghurt und nur ½ EL Zitronensaft verwenden.
Statt Tahina und Wasser 1 dl Olivenöl (nicht kalt gepresst) verwenden.

Hinweis

Tahina, auch Tahin oder Tahine genannt, ist eine Sesampaste; sie ist in grösseren Coop Supermärkten, Reformhäusern oder in orientalischen Spezialitätenläden erhältlich.

Lässt sich vorbereiten

Hummus ca. 1 Tag im Voraus zubereiten, zugedeckt im Kühlschrank aufbewahren.

Dazu passen

Sesam-Grissini, Crackers oder Fladenbrot.

Erbsli-Hummus

⏱ 15 Min.   🌱 vegan   ✕ glutenfrei   laktosefrei

Apéro für 4 Personen

1 Dose	**Kichererbsen** (ca. 400 g)
1	**Knoblauchzehe**
150 g	**tiefgekühlte Erbsli,** aufgetaut
1 dl	**Olivenöl** (nicht kalt gepresst)
1 EL	**Zitronensaft**
5	**Pfefferminzblätter**
½ TL	**Salz**
wenig	**Pfeffer**

Kichererbsen abspülen, abtropfen, Knoblauch schälen, halbieren. Kichererbsen, Knoblauch, Erbsli, Öl, Zitronensaft und Pfefferminze pürieren, würzen.

Portion: 334 kcal, F 26 g, Kh 16 g, E 7 g

TIPP

Variante
Statt Erbsli 150 g gekochte Rande verwenden.

Lässt sich vorbereiten
Hummus ca. 1 Tag im Voraus zubereiten, zugedeckt im Kühlschrank aufbewahren.

Dazu passen
Taralli, Grissini oder Crackers.

Pittabrot-Ecken

○ 5 Min. + 10 Min. backen ⌀ vegan ⊠ laktosefrei

Ergibt ca. 24 Stück

3	**Pittabrote**	Ofen auf 180 Grad vorheizen.
1	**Knoblauchzehe**	Brote in Stücke schneiden, auf ein mit Backpapier
1 EL	**Olivenöl**	belegtes Blech legen. Knoblauch pressen, mit dem Öl verrühren, Brote damit beträufeln.
½ TL	**Fleur de Sel**	**Backen:** ca. 10 Min. in der Mitte des Ofens.
wenig	**Edelsüss-Paprika**	Herausnehmen, würzen.

Stück: 25 kcal, F 1 g, Kh 4 g, E 1 g

Tzatziki

○ 10 Min. + 30 Min. ziehen lassen ⌀ vegetarisch ⊠ glutenfrei

Ergibt ca. 2½ dl

1	**Gurke**	Gurke entkernen, grob reiben, mit dem Salz mischen,
1 TL	**Salz**	in einem Sieb ca. 30 Min. ziehen lassen. Gurke gut ausdrücken.
150 g	**griechisches Joghurt nature**	Joghurt, Zitronensaft und Gurke verrühren, würzen.
1 TL	**Zitronensaft**	
wenig	**Pfeffer**	

Portion: 55 kcal, F 4 g, Kh 3 g, E 2 g

TIPP

Variante
1 Knoblauchzehe, gepresst, zum Tzatziki geben.

Lässt sich vorbereiten
Tzatziki ca. ½ Tag im Voraus zubereiten, zugedeckt im Kühlschrank aufbewahren.

Frischkäse-Chili-Dip

⏱ 5 Min.   🥕 vegetarisch

Apéro für 4 Personen

200 g	**Doppelrahm-Frischkäse**
4 EL	**Sweet-Chili-Sauce**
100 g	**Crackers** (z. B. Sfoglie Gran Pavesi)

Frischkäse glatt rühren, in eine Schale geben, Sauce daraufgeben, Crackers dazu servieren.

Portion: 331 kcal, F 20 g, Kh 31 g, E 6 g

> **TIPP**
>
> **Variante**
> Statt Crackers Gemüsestängel, Grissini oder Tortilla-Chips verwenden.

Gurkenschiffchen mit Forellenmousse

⏱ 10 Min.   ✕ glutenfrei

Ergibt ca. 24 Stück

1	Gurke
125 g	geräucherte Forelle
125 g	Frischkäse
	mit Meerrettich
3	Zweiglein Dill
3 TL	Preiselbeeren
	aus dem Glas
wenig	Pfeffer

Gurke längs halbieren, entkernen. Forelle zerzupfen, mit dem Frischkäse mischen, in die Gurkenhälften füllen. Gurken in ca. 24 Stücke schneiden, Dill zerzupfen, mit den Preiselbeeren auf der Forellenmousse verteilen, würzen.

Stück: 25 kcal, F 2 g, Kh 1 g, E 2 g

> **TIPP**
>
> **Varianten**
> Statt geräucherte Forelle geräucherten Lachs, grob geschnitten, oder für eine vegetarische Variante geräucherten Tofu, grob gehackt, verwenden.

Rassige Nachos

⏱ **10 Min. + 10 Min. backen**   🥕 **vegetarisch**   🥛 **laktosefrei**

Apéro für 4 Personen

150 g	**Tortilla-Chips** (z. B. aus blauem Mais)	Ofen auf 200 Grad vorheizen. Chips auf einem mit Backpapier belegten Blech verteilen. Mais abtropfen. Peperoncino entkernen, in Ringe schneiden, mit dem Mais auf den Chips verteilen. Käse grob darüberreiben.
1 Dose	**Maiskörner** (ca. 140 g)	
1	**roter Peperoncino**	
200 g	**Cheddar**	
3	**Zweiglein Koriander**	**Backen:** ca. 10 Min. in der Mitte des Ofens. Herausnehmen, Korianderblättchen abzupfen, über die Nachos streuen.

Tipps: Die Nachos schmecken lauwarm am besten. Die Nachos lassen sich auch portionenweise in kleinen ofenfesten Formen backen.

Portion: 419 kcal, F 24 g, Kh 32 g, E 16 g

Guacamole

⏱ **5 Min.**   🌿 **vegan**   🌾 **glutenfrei**   🥛 **laktosefrei**

Ergibt ca. 1½ dl

1	**Avocado**	Avocado halbieren, Fruchtfleisch in eine Schüssel geben, mit einer Gabel zerdrücken. Bundzwiebel in Ringe schneiden, mit dem Limettensaft beigeben, salzen, mischen.
1	**Bundzwiebel mit dem Grün**	
1 EL	**Limettensaft**	
¼ TL	**Salz**	

Lässt sich vorbereiten: Guacamole ca. ½ Tag im Voraus zubereiten, Klarsichtfolie direkt darauflegen, im Kühlschrank aufbewahren.

Portion: 59 kcal, F 5 g, Kh 1 g, E 1 g

Nachos

⏱ **10 Min. + 10 Min. backen**   🥕 vegetarisch   🥛 laktosefrei

Apéro für 4 Personen

150 g	**Tortilla-Chips** (z. B. nature)	Ofen auf 200 Grad vorheizen. Chips auf einem mit Backpapier belegten Blech verteilen. Zwiebel in feine Ringe, Tomaten in Würfeli schneiden, beides auf den Chips verteilen. Käse grob darüberreiben.
1	**rote Zwiebel**	
2	**Tomaten**	
200 g	**Gruyère**	
3	**Zweiglein glattblättrige Petersilie**	**Backen:** ca. 10 Min. in der Mitte des Ofens. Herausnehmen, Petersilienblätter abzupfen, über die Nachos streuen.

Tipp: Die Nachos schmecken lauwarm am besten.

Portion: 395 kcal, F 23 g, Kh 28 g, E 17 g

Limetten-Dip

⏱ **5 Min.**   🥕 vegetarisch   🌾 glutenfrei

Ergibt ca. 2 dl

200 g	**Crème fraîche**	Crème fraîche glatt rühren, in eine Schale geben. Limette heiss abspülen, trocken tupfen, wenig Schale dazureiben, 1 TL Saft dazupressen, salzen, mischen.
1	**Limette**	
2 Prisen	**Fleur de Sel**	

Lässt sich vorbereiten: Dip ca. ½ Tag im Voraus zubereiten, zugedeckt im Kühlschrank aufbewahren.

Portion: 151 kcal, F 15 g, Kh 3 g, E 2 g

Gebackene Kalettes®

🕐 **15 Min. + 15 Min. backen**   🥕 vegetarisch   🥛 laktosefrei

Apéro für 4 Personen

250 g	**Kalettes®** (siehe Hinweis) **Wasser,** siedend	Ofen auf 200 Grad vorheizen. Kalettes® ca. 2 Min. im siedenden Wasser blanchieren, mit einer Schaumkelle herausnehmen, kurz in eiskaltes Wasser legen, abtropfen.
1 EL	**Olivenöl**	Kalettes® mit dem Öl mischen, auf einem mit Back-
2 EL	**geriebener Sbrinz**	papier belegten Blech verteilen. Käse und Paniermehl
1 EL	**Paniermehl**	mischen, darauf verteilen.
¼ TL	**Chiliflocken**	**Backen:** ca. 15 Min. in der Mitte des Ofens. Heraus-
2 Prisen	**Fleur de Sel**	nehmen, Chiliflocken und Fleur de Sel darüberstreuen.

Portion: 91 kcal, F 6 g, Kh 3 g, E 5 g

TIPP

Hinweis

Kalettes® sind eine Kreuzung zwischen Rosen- und Federkohl. Sie sind nicht bitter und schmecken süsslich-nussig.

Lässt sich vorbereiten

Kalettes® ca. ½ Tag im Voraus blanchieren, kurz vor dem Servieren backen. Die Kalettes® schmecken auch lauwarm oder kalt sehr gut.

Knabber-Mix

⏱ 20 Min.　🥕 vegetarisch　🧊 laktosefrei

Apéro für 4 Personen

200 g	Nussmischung
100 g	Salzbrezel
3 EL	dunkle Sultaninen
1 EL	Zucker
1 EL	Wasser
wenig	Cayennepfeffer
¼ TL	Zimt
¾ TL	Fleur de Sel

Nüsse, Salzbrezel, Sultaninen, Zucker und Wasser in einer Bratpfanne bei mittlerer Hitze ca. 10 Min. rösten. Cayennepfeffer, Zimt und Fleur de Sel beigeben, mischen, auf einem Backpapier auskühlen.

100 g: 596 kcal, F 39 g, Kh 38 g, E 19 g

TIPP

Haltbarkeit
In einer Dose gut verschlossen ca. 1 Woche.

Gewürznüsse

⏱ **10 Min. + 15 Min. backen** 🥕 **vegetarisch** 🌾 **glutenfrei** 🥛 **laktosefrei**

Apéro für 4 Personen

200 g	**Mandeln**	Ofen auf 180 Grad vorheizen.
200 g	**Cashew-Nüsse**	Mandeln, Nüsse, Honig, Eiweiss, Raz el Hanout und
100 g	**Pekannüsse**	Fleur de Sel in einer Schüssel mischen. Nussmischung
1 EL	**flüssiger Honig**	auf einem mit Backpapier belegten Blech verteilen.
1	**frisches Eiweiss**	
2 TL	**Raz el Hanout**	
	(siehe Hinweis)	
1 TL	**Fleur de Sel**	
1 TL	**Raz el Hanout**	**Backen:** ca. 15 Min. in der Mitte des Ofens, dabei Nüsse einmal mischen. Herausnehmen, Raz el Hanout daruntermischen, auskühlen.

100 g: 627 kcal, F 54 g, Kh 16 g, E 19 g

TIPP

Variante
Statt Raz el Hanout Dukkah, Za'Atar oder Curry verwenden.

Hinweis
Raz el Hanout ist eine marokkanische Gewürzmischung, die bis zu 30 verschiedene Gewürze enthält. Erhältlich in grösseren Coop Supermärkten. Ersatz: milder Curry.

Haltbarkeit
In einer Dose oder einem Einmachglas gut verschlossen ca. 1 Woche.

Popcorn

⏱ 10 Min.   🌿 vegan   ✳ glutenfrei   🥛 laktosefrei

Apéro für 4 Personen

1 TL	**Edelsüss-Paprika**	Paprika, Zimt und Fleur de Sel in einer Schüssel mischen.
¼ TL	**Zimt**	
½ TL	**Fleur de Sel**	
1 TL	**Erdnussöl**	Öl in einer weiten Pfanne heiss werden lassen. Mais-körner beigeben, sofort zudecken, bei mittlerer Hitze ca. 4 Min. aufspringen lassen. Popcorn zur Gewürz-mischung geben, mischen.
150 g	**Maiskörner für Popcorn**	

Portion: 110 kcal, F 3 g, Kh 21 g, E 1 g

TIPP

Variante

Statt Paprika und Zimt Curry verwenden.

Haltbarkeit

In einer Dose gut verschlossen kühl und trocken ca. 5 Tage.

Aufgabeln und auslöffeln

Entdecken Sie leichte Salate und delikate Süppchen!
Alles lässt sich prima vorbereiten und bringt
erst noch Farbe und Leichtigkeit in Ihren Apéro.

Süsskartoffelsalat

Für 4 Schälchen von je ca. 1½ dl

1	**Bio-Zitrone**	Von der Zitrone wenig Schale abreiben, 2 EL Saft auspressen. Beides mit dem Senf und dem Öl in einer Schüssel verrühren, Pfefferminze fein schneiden, beigeben.
2 EL	**grobkörniger Senf**	
2 EL	**Olivenöl**	
3	**Zweiglein Pfefferminze**	
500 g	**Süsskartoffeln**	Süsskartoffeln schälen, in Würfeli schneiden. Schalotte schälen, in feine Ringe schneiden. Öl in einer beschichteten Bratpfanne heiss werden lassen. Süsskartoffeln ca. 5 Min. rührbraten, Schalotte kurz mitbraten, würzen, etwas abkühlen, mit der Sauce mischen.
1	**Schalotte**	
1 EL	**Olivenöl**	
¼ TL	**Salz**	
wenig	**Pfeffer**	
50 g	**Bündnerfleisch in Tranchen**	Salat anrichten. Bündnerfleisch in feine Streifen schneiden, darauf verteilen.

Portion: 220 kcal, F 11 g, Kh 23 g, E 7 g

TIPP

Lässt sich vorbereiten
Salat ca. ½ Tag im Voraus zubereiten, zugedeckt im Kühlschrank aufbewahren. Bündnerfleisch kurz vor dem Servieren darauf verteilen.

Linsensalat

⏱ 20 Min.   🌿 vegan   ✖ glutenfrei   🥛 laktosefrei

Für 4 Schälchen von je ca. 1½ dl

150 g	**rote Linsen** **Wasser,** siedend	Linsen im siedenden Wasser ca. 8 Min. knapp weich köcheln. Linsen kalt abspülen, abtropfen.
2 EL **3 EL** **½ TL** **20 g** **4** **1**	**Weissweinessig** **Olivenöl** **Salz** **Mandeln** **Dörraprikosen** **roter Chili**	Essig und Öl in einer Schüssel verrühren, salzen. Mandeln grob hacken, Dörraprikosen in Würfeli schneiden, Chili entkernen, in Ringe schneiden, alles mit den Linsen in die Sauce geben, mischen.
30 g	**Micro Greens**	Salat anrichten, mit Micro Greens garnieren.

Portion: 268 kcal, F 12 g, Kh 25 g, E 12 g

TIPP

Variante
Statt Micro Greens Kresse oder Portulak verwenden.

Lässt sich vorbereiten
Salat ca. ½ Tag im Voraus zubereiten, zugedeckt im Kühlschrank aufbewahren. Kurz vor dem Servieren mit Micro Greens garnieren.

Caesar Salad

🕐 **20 Min.**

Für 8 Gläser von je ca. 1½ dl

1 EL	**Zitronensaft**	Zitronensaft, Öl, Joghurt und Käse in einen Messbecher geben. Eier und Knoblauch schälen, beides halbieren, beigeben, fein pürieren, würzen.
2 EL	**Olivenöl**	
100 g	**Joghurt nature**	
20 g	**geriebener Sbrinz**	
2	**hart gekochte Eier**	
1	**Knoblauchzehe**	
¼ TL	**Salz**	
wenig	**Pfeffer**	
8	**Tranchen Bratspeck**	Speck in einer beschichteten Bratpfanne langsam knusprig braten, herausnehmen, auf Haushaltpapier abtropfen.
2	**Mini-Lattiche** (ca. 200 g)	Lattiche längs vierteln oder sechsteln. Käse mit dem Sparschäler in Späne schneiden. Sauce, Lattich, Käse und Speck und in die Gläser verteilen. Grissini dazu servieren.
50 g	**Sbrinz**	
50 g	**Grissini**	

Portion: 158 kcal, F 11 g, Kh 6 g, E 8 g

Quinoa-Salat mit Kürbis

⏱ **30 Min.**   ✖ **glutenfrei**   🗑 **laktosefrei**

Für 8 Gläser von je ca. 1½ dl

120 g Quinoa (z. B. Tricolore) **Salzwasser,** siedend	Quinoa im siedenden Salzwasser ca. 20 Min. knapp weich kochen, abtropfen.
200 g Kürbis (z. B. Butternut) **80 g Speckwürfeli** **20 g getrocknete Cranberrys**	Kürbis schälen, grob reiben. Speck in einer beschichteten Bratpfanne langsam knusprig braten, herausnehmen. Kürbis in derselben Pfanne bei mittlerer Hitze ca. 3 Min. dämpfen. Cranberrys beigeben, etwas abkühlen.
3 EL Aceto balsamico bianco **3 EL Olivenöl** **6 Zweiglein Kerbel** **Salz, Pfeffer,** nach Bedarf	Aceto und Öl in einer Schüssel verrühren. Quinoa, Speck und Kürbis in die Sauce geben. Die Hälfte des Kerbels fein schneiden, beigeben, würzen. Salat anrichten, mit restlichem Kerbel garnieren.

Portion: 143 kcal, F 8 g, Kh 14 g, E 4 g

TIPP

Lässt sich vorbereiten

Salat ca. ½ Tag im Voraus zubereiten, zugedeckt im Kühlschrank aufbewahren. Salat kurz vor dem Servieren anrichten und garnieren.

Apfel-Stangensellerie-Salat

⏱ 20 Min.　🥕 vegetarisch　🌾 glutenfrei

Für 6 Schälchen von je ca. 1½ dl

1 EL	Apfelessig	Essig, Öl, Joghurt, Curry und Salz in einer Schüssel verrühren.
2 EL	Rapsöl	
180 g	Joghurt nature	
2 TL	mildes Curry	
½ TL	Salz	
20 g	Baumnusskerne	Baumnusskerne grob hacken, in einer Bratpfanne ohne Fett rösten, beiseite stellen. Stangensellerie und Apfel in feine Scheiben schneiden, Schnittlauch fein schneiden, alles in die Sauce geben, mischen. Salat anrichten, Baumnusskerne darüberstreuen.
300 g	Stangensellerie mit wenig Grün	
1	Apfel	
1 Bund	Schnittlauch	

Portion: 104 kcal, F 8 g, Kh 5 g, E 3 g

TIPP

Lässt sich vorbereiten
Salat ca. ½ Tag im Voraus fertig zubereiten,
zugedeckt im Kühlschrank aufbewahren.

Rüeblisalat mit Forelle

🕐 20 Min.　　✂ glutenfrei　　🥛 laktosefrei

Für 6 Gläser von je ca. 1½ dl

1 TL	Senf	Senf, Aceto, Öl, Zucker, Salz und Pfeffer in einer Schüssel verrühren.
1 EL	Aceto balsamico bianco	
2 EL	Rapsöl	
1 Prise	Zucker	
½ TL	Salz	
wenig	Pfeffer	

1	rosa Grapefruit	Von der Grapefruit Boden und Deckel, dann Schale ringsum bis auf das Fruchtfleisch wegschneiden. Fruchtfilets (Schnitze) mit einem scharfen Messer zwischen den weissen Häutchen herausschneiden, Saft auffangen. Die Hälfte der Grapefruit mit dem aufgefangenen Saft in die Sauce geben. Rüebli schälen, grob dazureiben, mischen.
300 g	Rüebli	

125 g	geräucherte Forelle	Salat anrichten. Forelle in Stücke zupfen, mit der restlichen Grapefruit auf dem Salat verteilen.

Portion: 89 kcal, F 5 g, Kh 5 g, E 5 g

TIPP

Lässt sich vorbereiten
Salat ca. ½ Tag im Voraus zubereiten,
zugedeckt im Kühlschrank aufbewahren.
Forelle und restliche Grapefruit
kurz vor dem Servieren darauf verteilen.

Bohnensalat mit Pfirsich

⏱ **15 Min.**   🌿 **vegan**   ✖ **glutenfrei**   🥛 **laktosefrei**

Für 8 Schälchen von je ca. 1 dl

1	**Bio-Zitrone**	Von der Zitrone die Hälfte der Schale abreiben, 2 EL Saft auspressen, beides mit dem Öl in einer Schüssel verrühren, würzen.
3 EL	**Olivenöl**	
½ TL	**Salz**	
wenig	**Pfeffer**	
1	**Zucchini** (ca. 150 g)	Zucchini und Pfirsich in Würfeli schneiden. Bohnen abspülen, abtropfen, alles in die Sauce geben, mischen.
1	**Pfirsich**	
1 Dose	**Cannellini-Bohnen** (ca. 400 g)	

Portion: 80 kcal, F 5 g, Kh 6 g, E 2 g

TIPP

Lässt sich vorbereiten
Salat ca. ½ Tag im Voraus zubereiten,
zugedeckt im Kühlschrank aufbewahren.

Randensalat mit Himbeeren

⏱ **15 Min.**   🥕 **vegetarisch**   🌾 **glutenfrei**

Für 6 Gläser von je ca. 1½ dl

1 EL	**Aceto balsamico bianco**	Aceto und Öl in einer Schüssel verrühren, würzen.
2 EL	**Olivenöl**	
1 Msp.	**Cayennepfeffer**	
½ TL	**Salz**	
1 Päckli	**Randen-Stäbli** (ca. 300 g)	Randen abtropfen, mit den Himbeeren in die Sauce geben, sorgfältig mischen.
50 g	**tiefgekühlte Himbeeren**	
150 g	**Ziegenfrischkäse** (z. B. Formaggini)	Salat anrichten. Frischkäse in Stücke schneiden, darauf verteilen, Kerne darüberstreuen.
3 EL	**Kernen-Mix**	

Portion: 165 kcal, F 12 g, Kh 8 g, E 6 g

TIPP

Variante
Statt Ziegenfrischkäse Mozzarella
verwenden.

Lässt sich vorbereiten
Salat ca. ½ Tag im Voraus zubereiten,
zugedeckt im Kühlschrank auf-
bewahren. Frischkäse und Kerne kurz
vor dem Servieren darauf verteilen.

Apfel-Cicorino-Salat

⏱ **15 Min.**   🥕 vegetarisch   🌾 glutenfrei   🥛 laktosefrei

Für 6 Gläser von je ca. 1½ dl

1 EL	**scharfer Senf**	Senf, Essig und Öl in einer Schüssel verrühren, würzen.
2 EL	**Apfelessig**	
3 EL	**Rapsöl**	
¼ TL	**Salz**	
wenig	**Pfeffer**	
20 g	**Haselnüsse**	Nüsse grob hacken, in einer Bratpfanne ohne Fett rösten. Cicorino in feine Streifen, Rucola grob, Apfel in Scheibchen schneiden. Käse mit dem Sparschäler in Späne schneiden. Cicorino, Rucola und Apfel anrichten, Nüsse und Käse darauf verteilen. Sauce kurz vor dem Servieren darüberträufeln.
200 g	**Cicorino rosso**	
50 g	**Rucola**	
1	**Apfel**	
50 g	**Sbrinz**	

Portion: 135 kcal, F 11 g, Kh 3 g, E 4 g

TIPP

Lässt sich vorbereiten

Sauce und Salat ca. ½ Tag im Voraus vorbereiten. Separat zugedeckt im Kühlschrank aufbewahren. Salat kurz vor dem Servieren anrichten, Nüsse und Käse darauf verteilen, mit der Sauce beträufeln.

Kichererbsensalat

⏱ **15 Min.**   🥕 **vegetarisch**   🌾 **glutenfrei**

Für 4 Gläser von je ca. 2 dl

1 TL	**grobkörniger Senf**	Senf, Essig, Öl und Salz in einer Schüssel verrühren. Kichererbsen abspülen, abtropfen. Peperoncino entkernen, in Ringe schneiden. Koriander fein schneiden, mit den Kichererbsen und dem Peperoncino in die Sauce geben, mischen.
1 EL	**Kräuteressig**	
2 EL	**Olivenöl**	
¼ TL	**Salz**	
1 Dose	**Kichererbsen** (ca. 400 g)	
½	**roter Peperoncino**	
3	**Zweiglein Koriander**	
150 g	**griechisches Joghurt nature**	Joghurt in die Gläser verteilen, Salat darauf anrichten.

Portion: 175 kcal, F 11 g, Kh 13 g, E 6 g

TIPP

Lässt sich vorbereiten

Salat ca. ½ Tag im Voraus zubereiten, zugedeckt im Kühlschrank aufbewahren. Joghurt und Salat kurz vor dem Servieren anrichten.

Spargelsalat mit Radiesli

🕐 20 Min.　🥕 vegetarisch　🥛 laktosefrei

Für 6 Gläser von je ca. 1½ dl

1	**Bio-Zitrone**	Von der Zitrone wenig Schale abreiben, 1 EL Saft auspressen. Beides mit dem Öl und dem Honig in einer Schüssel verrühren.
1 EL	**geröstetes Sesamöl**	
2 TL	**flüssiger Honig**	
500 g	**grüne Spargeln**	Unteres Drittel der Spargeln schälen, Spargeln in ca. 3 cm lange Stücke schneiden. Öl in einer beschichteten Bratpfanne heiss werden lassen. Spargeln ca. 4 Min. rührbraten, Bouillon beigeben, Spargeln ca. 2 Min. knapp weich köcheln, etwas abkühlen. Spargeln in die Sauce geben, würzen, mischen.
1 EL	**geröstetes Sesamöl**	
½ dl	**Gemüsebouillon**	
	Salz, Pfeffer, nach Bedarf	
1 Bund	**Radiesli** mit wenig Grün	Radiesli in Scheibchen, wenig Grün fein schneiden, beigeben, mischen. Salat anrichten, Sesam darüberstreuen.
2 TL	**Sesam**	

Portion: 77 kcal, F 5 g, Kh 5 g, E 2 g

TIPP

Lässt sich vorbereiten
Salat ca. ½ Tag im Voraus zubereiten,
zugedeckt im Kühlschrank aufbewahren.

Kohlrabi-Tomaten-Salat

⏱ 15 Min.　🥕 vegetarisch　🌾 glutenfrei　🥛 laktosefrei

Für 6 Gläser von je ca. 1½ dl

1 EL	Aceto Balsamico	Aceto, Öl und Honig in einer Schüssel verrühren, würzen.
2 EL	Olivenöl	
1 TL	flüssiger Honig	
¼ TL	Salz	
wenig	Pfeffer	

400 g	Cherry-Tomaten	Tomaten halbieren, Kohlrabi schälen, grob reiben, Basilikum fein schneiden, alles mit den Kapern in die Sauce geben, mischen. Salat anrichten, Pistazien grob hacken, darüberstreuen.
200 g	Kohlrabi	
3	Zweiglein Basilikum	
1 EL	Kapern	
1 EL	ungesalzene geschälte Pistazien	

Portion: 74 kcal, F 5 g, Kh 5 g, E 1 g

TIPP

Lässt sich vorbereiten

Salat ca. ½ Tag im Voraus zubereiten, zugedeckt im Kühlschrank aufbewahren.

Bulgur-Salat mit Cherry-Tomaten

⏱ **25 Min.**   🥕 **vegetarisch**

Für 6 Schälchen von je ca. 2 dl

1	**Schalotte**	Schalotte schälen, fein hacken. Öl in einer Pfanne warm werden lassen. Schalotte andämpfen, Bulgur beigeben, unter Rühren dünsten. Wasser dazugiessen, würzen, aufkochen. Hitze reduzieren, zugedeckt ca. 15 Min. köcheln, abtropfen, etwas abkühlen.
1 EL	**Olivenöl**	
120 g	**Bulgur**	
4 dl	**Wasser**	
½ TL	**Salz**	
wenig	**Pfeffer**	

2 EL	**Weissweinessig**	Essig und Öl in einer Schüssel verrühren. Tomaten halbieren, Basilikum fein schneiden. Beides mit dem Bulgur in die Sauce geben, würzen.
3 EL	**Olivenöl**	
250 g	**Cherry-Tomaten**	
6	**Basilikumblätter**	
	Salz, Pfeffer, nach Bedarf	

150 g	**Halbfettquark**	Salat anrichten, Quark darauf verteilen.

Portion: 174 kcal, F 10 g, Kh 17 g, E 5 g

TIPP

Variante

Wenig Za'Atar über den Quark streuen.
Za'Atar ist eine Gewürzmischung
aus Nordafrika, dem Nahen Osten und
der Türkei. Sie besteht aus Sumach,
Thymian und Sesam. Erhältlich in grösseren
Coop Supermärkten.

Lässt sich vorbereiten

Salat ca. ½ Tag im Voraus zubereiten,
zugedeckt im Kühlschrank auf-
bewahren. Quark kurz vor dem Servieren
darauf verteilen.

Gurkensalat mit Feta

⏱ **15 Min.** 　 🥕 vegetarisch 　 🌾 glutenfrei

Für 6 Schälchen von je ca. 1½ dl

1 EL	**Aceto balsamico bianco**	Aceto, Öl, Zucker, Salz und Pfeffer in einer Schüssel verrühren.
2 EL	**Olivenöl**	
2 TL	**Zucker**	
¼ TL	**Salz**	
wenig	**Pfeffer**	
1	**Gurke**	Gurke längs halbieren, entkernen, in ca. 2 mm dicke Scheiben hobeln. Tomaten und Datteln in Streifen, Dill fein schneiden, alles in die Sauce geben, mischen.
5	**getrocknete Tomaten in Öl**	
3	**entsteinte Datteln**	
3	**Zweiglein Dill**	
100 g	**Feta**	Salat anrichten, Feta zerbröckeln, darauf verteilen.

Portion: 131 kcal, F 11 g, Kh 5 g, E 3 g

TIPP

Lässt sich vorbereiten
Salat ca. ½ Tag im Voraus zubereiten, zugedeckt im Kühlschrank aufbewahren. Feta kurz vor dem Servieren darauf verteilen.

Crevettensalat mit Erdbeeren

⏱ 15 Min.   ✻ glutenfrei   🥛 laktosefrei

Für 6 Schälchen von je ca. 2 dl

1	**Limette**	Limette heiss abspülen, trocken tupfen. Die Hälfte der
1	**roter Chili**	Schale abreiben, 1 EL Saft auspressen. Chili ent-
2 EL	**Olivenöl**	kernen, fein hacken, alles mit dem Öl in einer Schüs-
¼ TL	**Salz**	sel verrühren, salzen.

100 g	**Erdbeeren**	Erdbeeren vierteln, mit den Crevetten in die Sauce
250 g	**geschälte gekochte**	geben, mischen. Lattich in feine Streifen schneiden,
	Crevettenschwänze	mit dem Crevettensalat anrichten, Sesam darüber-
	(Bio)	streuen.
2	**Mini-Lattiche**	
	(ca. 200 g)	
2 TL	**schwarzer Sesam**	

Portion: 95 kcal, F 5 g, Kh 2 g, E 9 g

TIPP

Variante
Statt Erdbeeren Pfirsich oder Mango,
in Würfeln, verwenden.

Fregola-Sarda-Salat

⏱ 20 Min.   ⊘ vegan   🥛 laktosefrei

Für 6 Schälchen von je ca. 1½ dl

150 g	**kleine Teigwaren** (z. B. Fregola Sarda tostata) **Salzwasser,** siedend	Teigwaren im siedenden Salzwasser al dente kochen, abtropfen, kalt abspülen.
1	**Bio-Zitrone**	Von der Zitrone Schale abreiben, 2 EL Saft auspressen, Knoblauch pressen. Alles mit dem Öl in einer Schüssel verrühren, würzen. Zucchini grob dazureiben, Teigwaren beigeben, mischen.
1	**Knoblauchzehe**	
3 EL	**Olivenöl**	
¼ TL	**Salz**	
wenig	**Pfeffer**	
200 g	**Zucchini**	

Portion: 151 kcal, F 6 g, Kh 19 g, E 4 g

> **TIPP**
>
> **Lässt sich vorbereiten**
> Salat ca. ½ Tag im Voraus zubereiten,
> zugedeckt im Kühlschrank aufbewahren.

Griechischer Salat

⏱ 15 Min.   🥕 vegetarisch   🌾 glutenfrei

Für 4 Gläser von je ca. 2 dl

1 TL	**scharfer Senf**	Senf, Essig und Öl in einer Schüssel verrühren, würzen. Basilikum fein schneiden, beigeben.
1 EL	**Rotweinessig**	
2 EL	**Olivenöl**	
¼ TL	**Salz**	
wenig	**Pfeffer**	
3	**Zweiglein Basilikum**	
1	**rote Peperoni**	Peperoni entkernen, in Streifen schneiden. Gurke längs halbieren, entkernen, in Stängel schneiden. Tomate entkernen, in Würfeli schneiden, Oliven in Ringe schneiden. Alles in die Sauce geben, mischen.
½	**Gurke**	
1	**Tomate**	
20 g	**entsteinte schwarze Oliven**	
100 g	**Feta**	Salat anrichten, Feta in Stücke schneiden, darauf verteilen.

Portion: 163 kcal, F 14 g, Kh 4 g, E 5 g

> **TIPP**
>
> **Lässt sich vorbereiten**
> Salat ca. ½ Tag im Voraus zubereiten,
> zugedeckt im Kühlschrank auf-
> bewahren. Feta kurz vor dem Servieren
> auf dem Salat verteilen.

Couscous-Salat mit Granatapfelkernen

🕐 15 Min.　　🥕 vegetarisch

Für 6 Gläser von je ca. 1½ dl

150 g	**Couscous**	Couscous, Kurkuma und Salz in einer Schüssel mischen. Wasser aufkochen, über das Couscous giessen, zugedeckt ca. 5 Min. quellen lassen. Mit einer Gabel lockern.
½ TL	**Kurkuma**	
½ TL	**Salz**	
2½ dl	**Wasser**	

1	**Bundzwiebel mit dem Grün**	Bundzwiebel in Ringe, Petersilie grob schneiden, mit dem Zitronensaft und dem Öl zum Couscous geben, mischen.
½ Bund	**glattblättrige Petersilie**	
3 EL	**Zitronensaft**	
3 EL	**Olivenöl**	

70 g	**Granatapfelkerne**	Salat anrichten. Granatapfelkerne und sauren Halbrahm darauf verteilen.
100 g	**saurer Halbrahm**	

Portion: 186 kcal, F 9 g, Kh 22 g, E 4 g

TIPP

Vegan-Variante
Salat ohne sauren Halbrahm servieren.

Lässt sich vorbereiten
Salat ca. ½ Tag im Voraus zubereiten, zugedeckt im Kühlschrank aufbewahren. Granatapfelkerne und sauren Halbrahm kurz vor dem Servieren darauf verteilen.

Orangen-Avocado-Salat

⏱ **15 Min.**   🥕 **vegetarisch**   🌾 **glutenfrei**   🥛 **laktosefrei**

Für 4 Schälchen von je ca. 2 dl

1	**Orange**	Von der Orange Boden und Deckel, dann Schale rings-um bis auf das Fruchtfleisch wegschneiden. Orange vierteln, in Scheiben schneiden, mit dem entstandenen Saft in eine Schüssel geben. Öl beigeben, würzen.
2 EL	**Olivenöl**	
½ TL	**Salz**	
wenig	**Pfeffer**	
1	**Avocado**	Avocado in Stücke, Schnittlauch fein schneiden. Beides in die Schüssel geben, sorgfältig mischen.
1 Bund	**Schnittlauch**	
20 g	**Wasabi-Nüsse**	Salat anrichten, Nüsse grob hacken, darüberstreuen.

Portion: 154 kcal, F 13 g, Kh 5 g, E 3 g

TIPP

Lässt sich vorbereiten

Salat ca. ½ Tag im Voraus zubereiten, zugedeckt im Kühlschrank aufbewahren. Wasabi-Nüsse kurz vor dem Servieren hacken und über den Salat streuen.

Sushi Bowl

⏱ 30 Min.   🥛 laktosefrei

Für 8 Schälchen von je ca. 2 dl

100 g	**Rundkornreis** (Sushi-Reis)	Reis in einem Sieb unter fliessendem Wasser so lange spülen, bis dieses klar ist, gut abtropfen. Reis mit dem Wasser in eine Pfanne geben, aufkochen, Hitze reduzieren, zugedeckt bei kleiner Hitze ca. 10 Min. köcheln. Auf ausgeschalteter Platte ca. 15 Min. quellen lassen, dabei Deckel nie abheben. Reis in eine Schüssel geben, Essig und Salz beigeben, mit einer Gabel lockern.
2 dl	**Wasser**	
1 EL	**heller Reisessig**	
2 Prisen	**Salz**	

1	**Avocado**	Avocado in Stücke schneiden. Lachs in feine Scheiben, Nori-Blätter in Streifen schneiden. Alles mit dem Reis und dem Ingwer anrichten, Sesam darüberstreuen.
150 g	**geräuchertes Lachsfilet am Stück**	
2	**Nori-Blätter**	
3 EL	**eingelegter Ingwer**	
2 TL	**schwarzer Sesam**	

2 EL	**Sojasauce**	Sojasauce, Öl und Wasabi verrühren, dazu servieren.
1 TL	**geröstetes Sesamöl**	
½ TL	**Wasabi-Paste**	

Portion: 119 kcal, F 6 g, Kh 11 g, E 6 g

TIPP

Vegi-Variante
Statt Lachs geräucherten Tofu verwenden.

Lässt sich vorbereiten
Sushi-Reis ca. ½ Tag im Voraus zubereiten, zugedeckt im Kühlschrank aufbewahren.

Kürbissuppe

⏱ **25 Min.**   🥕 **vegetarisch**

Für 6 Schälchen von je ca. 1½ dl

1	**Zwiebel**	Zwiebel schälen, grob hacken. Kürbis schälen,
500 g	**Kürbis** (z. B. Butternut)	entkernen, in kleine Stücke schneiden.

1 EL	**Olivenöl**	Öl in einer Pfanne warm werden lassen. Zwiebel
6 dl	**Gemüsebouillon**	andämpfen, Kürbis kurz mitdämpfen. Bouillon dazu-
125 g	**Frischkäse**	giessen, aufkochen, Hitze reduzieren, zugedeckt
	mit Meerrettich	ca. 15 Min. köcheln. Die Hälfte des Frischkäses bei-
	Salz, nach Bedarf	geben, Suppe pürieren, salzen.

20 g	**Kürbiskerne**	Kürbiskerne in einer Bratpfanne ohne Fett rösten. Suppe anrichten, restlichen Frischkäse darauf ver- teilen, Kürbiskerne darüberstreuen.

Portion: 144 kcal, F 10 g, Kh 10 g, E 4 g

TIPP

Variante

Statt Kürbis Rüebli verwenden.

Lässt sich vorbereiten

Suppe ca. 1 Tag im Voraus zubereiten, auskühlen, zugedeckt im Kühl- schrank aufbewahren. Suppe kurz vor dem Servieren aufkochen, garnieren.

Most-Süppchen

⏱ **30 Min.**

Für 8 Gläser von je ca. 1 dl

2	Schalotten	Schalotten schälen, grob hacken. Butter in einer Pfanne warm werden lassen. Schalotten kurz andämpfen, Mehl beigeben, ca. 1 Min. dünsten. Most und Bouillon dazugiessen, aufkochen, Hitze reduzieren, zugedeckt ca. 15 Min. köcheln. Rahm dazugiessen, Suppe pürieren, würzen.
1 EL	Butter	
2 EL	Mehl	
3 dl	saurer Most	
4 dl	Gemüsebouillon	
1 dl	Vollrahm	
	Salz, Pfeffer, nach Bedarf	

20 g	Haselnüsse	Nüsse grob hacken, in einer Bratpfanne ohne Fett rösten. Rohschinken in feine Streifen schneiden. Rahm flaumig schlagen. Suppe anrichten, Schlagrahm, Rohschinken und Nüsse darauf verteilen.
80 g	Rohschinken	
1 dl	Rahm	

Portion: 161 kcal, F 13 g, Kh 4 g, E 5 g

TIPP

Lässt sich vorbereiten

Suppe ca. 1 Tag im Voraus zubereiten, auskühlen, zugedeckt im Kühlschrank aufbewahren. Suppe kurz vor dem Servieren aufkochen, garnieren.

Apfel-Sellerie-Shot

Für 10 Gläser von je ca. 1 dl

1	**Schalotte**	Schalotte schälen, grob hacken. Sellerie schälen, vom Apfel das Kerngehäuse entfernen, beides in kleine Stücke schneiden.
300 g	**Sellerie**	
1	**Apfel**	
1 EL	**Butter**	Butter in einer Pfanne warm werden lassen. Schalotte andämpfen. Sellerie und Apfel kurz mitdämpfen. Vermouth und Bouillon dazugiessen, aufkochen, Hitze reduzieren, zugedeckt ca. 15 Min. köcheln. Rahm dazugiessen, Suppe pürieren, würzen.
2 EL	**trockener weisser Vermouth** (z. B. Noilly Prat)	
6 dl	**Gemüsebouillon**	
1 dl	**Vollrahm** **Salz, Pfeffer,** nach Bedarf	
40 g	**Baumnusskerne**	Baumnusskerne grob hacken, in einer Bratpfanne ohne Fett rösten. Schnittlauch fein schneiden. Suppe anrichten, Baumnusskerne und Schnittlauch darüberstreuen.
½ Bund	**Schnittlauch**	

Portion: 94 kcal, F 8 g, Kh 3 g, E 2 g

> **TIPP**
>
> **Lässt sich vorbereiten**
> Suppe ca. 1 Tag im Voraus zubereiten, auskühlen, zugedeckt im Kühlschrank aufbewahren. Suppe kurz vor dem Servieren aufkochen, garnieren.

Curry-Maissuppe mit Pouletspiessli

⏱ **30 Min.**   🥛 laktosefrei

Für 8 Schälchen von je ca. 1 dl

1	**Zwiebel**	Zwiebel schälen, fein hacken. Maiskörner abspülen, abtropfen.
1 Dose	**Maiskörner** (ca. 340 g)	
1 EL	**geröstetes Sesamöl**	Öl in einer Pfanne warm werden lassen. Zwiebel andämpfen, Maiskörner, Currypaste und Kurkuma ca. 5 Min. mitdämpfen. Kokosmilch und Bouillon dazugiessen, aufkochen, Hitze reduzieren, zugedeckt ca. 15 Min. köcheln, salzen.
2 EL	**gelbe Currypaste**	
¼ TL	**Kurkuma**	
5 dl	**Kokosmilch**	
2 dl	**Hühnerbouillon**	
	Salz, nach Bedarf	
1	**Pouletbrüstli** (ca. 150 g)	Pouletbrüstli in Würfel schneiden, an die Spiesschen stecken. Öl in einer beschichteten Bratpfanne heiss werden lassen. Poulet rundum ca. 5 Min. braten, salzen.
8	**Holzspiesschen**	
1 EL	**geröstetes Sesamöl**	
¼ TL	**Salz**	
¼ TL	**Chiliflocken**	Suppe anrichten, Pouletspiessli darauflegen, Chiliflocken darüberstreuen.

Portion: 210 kcal, F 15 g, Kh 11 g, E 7 g

TIPP

Schneller
Pouletwürfel nicht aufspiessen, sondern ca. 5 Min. rührbraten und in die heisse Suppe geben.

Lässt sich vorbereiten
Suppe ca. 1 Tag im Voraus zubereiten, auskühlen, zugedeckt im Kühlschrank aufbewahren. Suppe kurz vor dem Servieren aufkochen. Pouletspiessli braten, dazu servieren.

"

Lauchsuppe mit Roquefort

⏱ 25 Min.   🥕 vegetarisch

Für 6 Tassen von je ca. 1½ dl

200 g	**mehlig kochende Kartoffeln**	Kartoffeln schälen, mit dem Lauch in kleine Stücke schneiden.
200 g	**Lauch**	
1 EL	**Rapsöl**	Öl in einer Pfanne warm werden lassen. Kartoffeln und Lauch ca. 5 Min. andämpfen. Bouillon dazugiessen, aufkochen, Hitze reduzieren, zugedeckt ca. 15 Min. köcheln. Rahm dazugiessen, Suppe pürieren, würzen.
6 dl	**Gemüsebouillon**	
1 dl	**Vollrahm**	
	Salz, Pfeffer, nach Bedarf	
2	**Zweiglein Petersilie**	Petersilie fein schneiden, mit dem Öl mischen. Suppe anrichten, Käse in Stücke schneiden, mit dem Petersilienöl auf der Suppe verteilen.
1 EL	**Rapsöl**	
100 g	**Blauschimmelkäse** (z. B. Roquefort)	

Portion: 189 kcal, F 16 g, Kh 6 g, E 5 g

> **TIPP**
>
> **Variante**
> Statt Blauschimmelkäse Taleggio verwenden.
>
> **Lässt sich vorbereiten**
> Suppe ca. 1 Tag im Voraus zubereiten, auskühlen, zugedeckt im Kühlschrank aufbewahren. Suppe kurz vor dem Servieren aufkochen, garnieren.

Süsskartoffelsüppchen

⏱ 25 Min.   🌿 vegan   🚫 laktosefrei

Für 6 Gläser von je ca. 1½ dl

1	**Zwiebel**	Zwiebel und Knoblauch schälen, grob hacken. Ingwer schälen, in Scheibchen schneiden. Süsskartoffeln schälen, in kleine Stücke schneiden.
1	**Knoblauchzehe**	
2 cm	**Ingwer**	
500 g	**Süsskartoffeln**	

1 EL	**Olivenöl**	Öl in einer Pfanne warm werden lassen. Zwiebel, Knoblauch und Ingwer andämpfen, Süsskartoffeln kurz mitdämpfen. Bouillon dazugiessen, aufkochen, Hitze reduzieren, zugedeckt ca. 15 Min. köcheln. Suppe pürieren, salzen.
7 dl	**Gemüsebouillon**	
	Salz, nach Bedarf	

2	**Zweiglein Koriander**	Suppe anrichten, Korianderblättchen abzupfen, darauf verteilen.

Portion: 97 kcal, F 3 g, Kh 16 g, E 2 g

TIPP

Lässt sich vorbereiten
Suppe ca. 1 Tag im Voraus zubereiten, auskühlen, zugedeckt im Kühlschrank aufbewahren. Suppe kurz vor dem Servieren aufkochen, garnieren.

Erdnusssuppe

⏱ **15 Min.**   🥕 **vegetarisch**

Für 4 Gläser von je ca. 1½ dl

2	**Bundzwiebeln mit dem Grün**	Bundzwiebeln in Ringe schneiden, wenig Grün beiseite stellen. Chili entkernen, in Ringe schneiden, Nüsse grob hacken.
1	**roter Chili**	
120 g	**gesalzene Erdnüsse**	
1 EL	**Olivenöl**	Öl in einer Pfanne warm werden lassen. Bundzwiebeln und Chili andämpfen. Erdnüsse kurz mitdämpfen. Vermouth, Bouillon und Rahm dazugiessen, aufkochen, Hitze reduzieren, unter gelegentlichem Rühren ca. 5 Min. köcheln. Suppe pürieren.
2 EL	**trockener weisser Vermouth** (z. B. Noilly Prat)	
4 dl	**Gemüsebouillon**	
1½ dl	**Vollrahm**	
1 EL	**gesalzene Erdnüsse**	Suppe anrichten, Nüsse grob hacken, mit dem beiseite gestellten Zwiebelgrün über die Suppe streuen.

Portion: 390 kcal, F 34 g, Kh 8 g, E 11 g

TIPP

Lässt sich vorbereiten

Suppe ca. 1 Tag im Voraus zubereiten, auskühlen, zugedeckt im Kühlschrank aufbewahren. Suppe kurz vor dem Servieren aufkochen, garnieren.

Kalter Peperoni-Mais-Shot

⏱ 25 Min. + 1 Std. kühl stellen 🌿 vegan 🥛 laktosefrei

Für 8 Gläser von je ca. 1 dl

1	**Zwiebel**	Zwiebel schälen, fein hacken. Peperoni in Stücke schneiden. Maiskörner abspülen, abtropfen.
1	**gelbe Peperoni**	
1 Dose	**Maiskörner** (ca. 340 g)	
1 EL	**Olivenöl**	Öl in einer Pfanne warm werden lassen. Zwiebel andämpfen, Peperoni und Mais kurz mitdämpfen. Bouillon dazugiessen, aufkochen, Hitze reduzieren, zugedeckt ca. 15 Min. köcheln. Suppe pürieren, würzen, auskühlen. Suppe zugedeckt ca. 1 Std. kühl stellen.
6 dl	**Gemüsebouillon**	
	Salz, Pfeffer,	
	nach Bedarf	
½ EL	**Olivenöl**	Suppe anrichten. Öl darüberträufeln, Merquén darüberstreuen.
1 TL	**Merquén**	
	(siehe Hinweis)	

Portion: 70 kcal, F 3 g, Kh 9 g, E 2 g

TIPP

Hinweis

Basis der leicht scharfen, rauchigen Gewürzmischung Merquén ist der Chili Cacho de Cabra. Die Gewürzmischung ist in grösseren Coop Supermärkten erhältlich. Ersatz: Chiliflocken

Lässt sich vorbereiten

Suppe ca. 1 Tag im Voraus zubereiten, zugedeckt im Kühlschrank aufbewahren. Suppe kurz vor dem Servieren anrichten, garnieren.

Gazpacho

⏱ **15 Min. + 1 Std. kühl stellen**   🌿 vegan

Für 6 Gläser von je ca. 1½ dl

1	**rote Peperoni**	Peperoni, Gurke und Tomate in Stücke schneiden.
1	**Gurke** (ca. 400 g)	Peperoncino entkernen, in Stücke schneiden.
1	**Tomate**	Toastbrot in Stücke zupfen. Alles ins Mixglas geben.
1	**roter Peperoncino**	
50 g	**Toastbrot**	
½ dl	**Gemüsebouillon**	Bouillon, Öl, Basilikum und Salz beigeben, pürieren.
2 EL	**Olivenöl**	Suppe zugedeckt ca. 1 Std. kühl stellen.
8	**Basilikumblätter**	
1 TL	**Salz**	
50 g	**Grissini**	Suppe anrichten, Grissini dazu servieren.

Portion: 112 kcal, F 5 g, Kh 13 g, E 2 g

TIPP

Lässt sich vorbereiten

Gazpacho ca. 1 Tag im Voraus zubereiten,
zugedeckt im Kühlschrank aufbewahren.

Kalter Avocado-Shot

⏱ 25 Min.   🥕 vegetarisch

Für 8 Gläser von je ca. 1 dl

1	**Avocado**	Avocado halbieren, Fruchtfleisch herauslösen, ins Mixglas geben. Limette heiss abspülen, trocken tupfen, die Hälfte der Schale abreiben, 1 EL Saft auspressen. Beides mit dem Joghurt und dem Wasser beigeben, pürieren, salzen, zugedeckt ca. 15 Min. kühl stellen.
1	**Limette**	
100 g	**Joghurt nature**	
2½ dl	**Wasser**	
¾ TL	**Salz**	
2	**Zweiglein Petersilie**	Suppe anrichten. Petersilie fein schneiden, Chips zerdrücken, mit den Granatapfelkernen mischen, auf den Shots verteilen.
8	**Tortilla-Chips**	
3 EL	**Granatapfelkerne**	

Portion: 45 kcal, F 3 g, Kh 2 g, E 1 g

TIPP

Lässt sich vorbereiten
Suppe ca. ½ Tag im Voraus zubereiten,
zugedeckt im Kühlschrank aufbewahren.

Dazu passen
Tortilla-Chips.

Zitroniger Kokos-Shot

⏱ **25 Min.**   🥛 **laktosefrei**

Für 8 Gläser von je ca.1dl

2	**Schalotten**	Schalotten und Ingwer schälen, fein schneiden. Zitronengras zerdrücken.
4 cm	**Ingwer**	
3	**Stängel Zitronengras**	
1 EL	**geröstetes Sesamöl**	Öl in einer Pfanne warm werden lassen. Schalotten, Ingwer und Zitronengras ca. 5 Min. andämpfen. Zucker beigeben, Bouillon, Kokosmilch und Limettensaft dazugiessen, aufkochen, Hitze reduzieren, zugedeckt ca.15 Min. köcheln. Zitronengras entfernen, Suppe pürieren, salzen.
1 EL	**Zucker**	
5 dl	**Gemüsebouillon**	
2½ dl	**Kokosmilch**	
3 EL	**Limettensaft**	
	Salz, nach Bedarf	
8	**rohe Crevettenschwänze** (ca.150 g)	Crevetten bis auf das Schwanzende schälen. Öl in einer beschichteten Bratpfanne heiss werden lassen. Crevetten salzen, rundum ca. 3 Min. braten, an die Spiesschen stecken. Suppe mit den Crevetten anrichten.
1 EL	**geröstetes Sesamöl**	
¼ TL	**Salz**	
8	**Holzspiesschen**	

Portion: 121kcal, F 9g, Kh 5g, E 5g

> **TIPP**
>
> **Lässt sich vorbereiten**
>
> Suppe ca.1Tag im Voraus zubereiten, auskühlen, zugedeckt im Kühlschrank aufbewahren. Suppe kurz vor dem Servieren aufkochen, Crevetten braten, mit der Suppe anrichten.

Backen und teilen

Tolle Ideen für Apéro-Gebäck:
Fingerfood, grosses Gebäck zum Teilen,
elegante Begleiter zum
Prosecco und Währschaftes zum Bier.

Spinat-Prussiens

⏱ **25 Min. + 15 Min. backen** 🥕 vegetarisch 🥛 laktosefrei

Ergibt ca. 24 Stück

1	**ausgewallter Blätterteig** (ca. 25 × 42 cm)	Ofen auf 220 Grad vorheizen. Teig entrollen, mit der Tapenade bestreichen. Mandeln fein hacken, mit dem Spinat auf dem Teig verteilen, etwas andrücken. Teig von beiden Längsseiten bis zur Mitte hin aufrollen, Rolle ca. 10 Min. kühl stellen. Rolle in ca. 1½ cm dicke Scheiben schneiden, mit genügend Abstand auf ein mit Backpapier belegtes Blech legen. Ei verklopfen, Prussiens damit bestreichen.
2 EL	**Tapenade**	
40 g	**Rauchmandeln**	
30 g	**Jungspinat**	
1	**Ei**	
2 Prisen	**Fleur de Sel**	**Backen:** ca. 15 Min. in der Mitte des Ofens. Herausnehmen, Salz und Pfeffer darüberstreuen.
wenig	**Pfeffer**	

Stück: 68 kcal, F 4 g, Kh 6 g, E 1 g

TIPP

Lässt sich vorbereiten
Teigrolle ca. ½ Tag im Voraus vorbereiten, zugedeckt im Kühlschrank aufbewahren. Kurz vor dem Servieren schneiden und backen.

Tomatenkissen

⏱ 15 Min. + 15 Min. backen　　🥕 vegetarisch　　🥛 laktosefrei

Ergibt 20 Stück

1	**ausgewallter Blätterteig** (ca. 25 × 42 cm)	Ofen auf 220 Grad vorheizen. Teig entrollen, in 20 gleich grosse Rechtecke schneiden.
3 EL **300 g** **¼ TL** **1** **3 EL**	**Pesto** **Tomaten** (z. B. Peretti) **Fleur de Sel** **Ei** **geriebener Gruyère**	Pesto auf der Mitte der Teigstücke verteilen. Tomaten in Scheiben schneiden, darauflegen, salzen. Ei verklopfen, Ränder mit wenig Ei bestreichen. Zwei Teigecken über die Tomaten legen, etwas andrücken. Kissen auf ein mit Backpapier belegtes Blech legen, mit restlichem Ei bestreichen, Käse darüberstreuen.
3	**Zweiglein Majoran**	**Backen:** ca. 15 Min. in der Mitte des Ofens. Herausnehmen, Majoranblättchen abzupfen, über die Tomatenkissen streuen.

Stück: 80 kcal, F 5 g, Kh 7 g, E 2 g

> **TIPP**
>
> **Lässt sich vorbereiten**
> Tomatenkissen ca. ½ Tag im Voraus formen,
> zugedeckt im Kühlschrank aufbewahren.
> Kurz vor dem Servieren backen und garnieren.

Pikante Päckli

⏱ **15 Min. + 15 Min. backen** 🥕 vegetarisch

Ergibt 20 Stück

1	**ausgewallter Kuchenteig** (ca. 25 × 42 cm)	Ofen auf 220 Grad vorheizen. Teig entrollen, in 20 gleich grosse Rechtecke schneiden.
2 **2 EL** **2 EL** **1 Glas** **1**	**Zweiglein Rosmarin** **geriebener Sbrinz** **Paniermehl** **gefüllte Paprikaschoten in Öl** (ca. 240 g) **Ei**	Rosmarin fein schneiden, mit dem Käse und dem Paniermehl mischen. Die Hälfte davon auf der Mitte der Teigstücke verteilen. Paprikaschoten abtropfen, je eine Paprika darauflegen. Ei verklopfen, Ränder mit wenig Ei bestreichen. Teigspitzen oben einschlagen und gut andrücken. Päckli auf ein mit Backpapier belegtes Blech legen, mit restlichem Ei bestreichen. Restliche Käsemischung darüberstreuen.
		Backen: ca. 15 Min. in der Mitte des Ofens.

Stück: 122 kcal, F 9 g, Kh 8 g, E 2 g

TIPP

Lässt sich vorbereiten

Päckli ca. ½ Tag im Voraus formen, zugedeckt im Kühlschrank aufbewahren. Kurz vor dem Servieren backen.

Flammkuchen mit Lachs

🕙 **10 Min. + 15 Min. backen**

Ergibt ca. 12 Stück

1	**ausgewallter Flammkuchenteig** (ca. 25 × 38 cm)	Ofen auf 220 Grad vorheizen. Teig entrollen, mit dem Frischkäse bestreichen, mit dem Backpapier ins Blech legen. Schalotte schälen, in Ringe schneiden, auf dem Frischkäse verteilen.
125 g	**Frischkäse mit Meerrettich**	
1	**Schalotte**	
80 g	**Graved-Lachs in Tranchen**	**Backen:** ca. 15 Min. auf der untersten Rille des Ofens. Herausnehmen, Lachs in Stücke zupfen, Dill abzupfen, beides mit den Kapern auf dem Flammkuchen verteilen.
3	**Zweiglein Dill**	
2 EL	**Kapern**	
1 EL	**flüssiger Honig**	Honig und Senf verrühren, dazu servieren.
1 EL	**milder Senf**	

Stück: 113 kcal, F 5 g, Kh 12 g, E 4 g

TIPP

Variante

Statt Graved-Lachs geräucherten Lachs oder geräucherte Forelle verwenden.

Flammkuchen mit Speck und Poulet

⏱ **15 Min. + 18 Min. backen**

Ergibt ca. 16 Stück

1	**ausgewallter Flammkuchenteig** (ca. 25 × 38 cm)	Ofen auf 220 Grad vorheizen. Teig entrollen, mit der Crème fraîche bestreichen, mit dem Backpapier ins Blech legen. Teigrand rundum ca. 1 cm breit einschlagen. Zwiebel schälen, in feine Ringe schneiden, Speck halbieren, beides auf der Crème fraîche verteilen, würzen. Poulet in feine Streifen schneiden, mit dem Öl, dem Paprika und dem Salz mischen, auf dem Flammkuchen verteilen.
200 g	**Crème fraîche**	
1	**rote Zwiebel**	
50 g	**Bratspeck in Tranchen**	
¼ TL	**Salz**	
wenig	**Pfeffer**	
1	**Pouletbrüstli** (ca. 160 g)	
1 EL	**Olivenöl**	
¼ TL	**Edelsüss-Paprika**	
¼ TL	**Salz**	
2	**Zweiglein glattblättrige Petersilie**	**Backen:** ca. 18 Min. auf der untersten Rille des Ofens. Herausnehmen, Petersilie fein schneiden, darüberstreuen.

Stück: 116 kcal, F 7 g, Kh 8 g, E 5 g

TIPP

Lässt sich vorbereiten

Teig ca. ½ Tag im Voraus belegen, zugedeckt im Kühlschrank aufbewahren. Kurz vor dem Servieren backen und garnieren.

Flammkuchen-Twists

⏱ **10 Min. + 25 Min. backen**　 🥕 vegetarisch

Ergibt ca. 12 Stück

1	**ausgewallter Flammkuchenteig** (ca. 25 × 38 cm)	Ofen auf 200 Grad vorheizen. Teig entrollen, quer halbieren. Eine Teighälfte mit dem Frischkäse bestreichen.
150 g	**Ziegenfrischkäse** (z. B. Chavroux)	

1	**rote Zwiebel**	Zwiebel schälen, halbieren, in feine Streifen schneiden, Thymian abzupfen, beides auf dem Frischkäse verteilen, Käse darüberstreuen. Andere Teighälfte darauflegen, leicht andrücken. Teig quer in ca. 1½ cm breite Streifen schneiden, locker zu Spiralen drehen. Twists auf ein mit Backpapier belegtes Blech legen, mit dem Öl bestreichen, Fleur de Sel darüberstreuen.
3	**Zweiglein Thymian**	
2 EL	**geriebener Sbrinz**	
1 EL	**Olivenöl**	
¼ TL	**Fleur de Sel**	

Backen: ca. 25 Min. in der Mitte des Ofens.

Stück: 97 kcal, F 4 g, Kh 11 g, E 3 g

TIPP

Variante
Statt Ziegenfrischkäse Doppelrahm-Frischkäse verwenden.

Lässt sich vorbereiten
Twists ca. ½ Tag im Voraus vorbereiten und backen, auf einem Gitter auskühlen.

Schinkenschnecken

🕙 **20 Min. + 15 Min. backen**

Ergibt ca. 24 Stück

1	**ausgewallter Blätterteig** (ca. 25 × 42 cm)	Ofen auf 220 Grad vorheizen. Teig entrollen, mit dem Frischkäse bestreichen.
125 g	**Doppelrahm-Frischkäse**	

80 g	**Hinterschinken in Tranchen** (hauchdünn)	Schinken auf den Teig, Schnittlauch ganz darauflegen, Käse darüberstreuen. Teig von der Längsseite aufrollen, Rolle ca. 10 Min. kühl stellen. Rolle in ca. 1½ cm dicke Scheiben schneiden, mit genügend Abstand auf ein mit Backpapier belegtes Blech legen. Ei verklopfen, Schnecken damit bestreichen, Käse darüberstreuen.
1 Bund	**Schnittlauch**	
2 EL	**geriebener Sbrinz**	
1	**Ei**	
1 EL	**geriebener Sbrinz**	

Backen: ca. 15 Min. in der Mitte des Ofens.

Stück: 79 kcal, F 5 g, Kh 6 g, E 2 g

TIPP

Lässt sich vorbereiten
Teigrolle ca. ½ Tag im Voraus vorbereiten, zugedeckt im Kühlschrank aufbewahren. Kurz vor dem Servieren schneiden und backen.

Birnen-Käse-Päckli

⏱ **15 Min. + 18 Min. backen**    vegetarisch

Ergibt 12 Stück

1	**ausgewallter Blätterteig** (ca. 25 × 42 cm)	Ofen auf 220 Grad vorheizen. Teig entrollen, in 12 gleich grosse Rechtecke schneiden.
1	**Birne**	Birne entkernen, in Schnitze schneiden, quer auf die Teigstücke legen. Käse in je 6 Stücke schneiden, darauflegen. Ei verklopfen, Teigränder mit wenig Ei bestreichen, über den Käse legen. Päckli mit dem Verschluss nach unten auf ein mit Backpapier belegtes Blech legen, mit restlichem Ei bestreichen. Nüsse grob hacken, mit dem Thymian darüberstreuen.
2	**Tommes** (je ca. 100 g)	
1	**Ei**	
2 EL	**Haselnüsse**	
2 TL	**Thymianblättchen**	
		Backen: ca. 18 Min. in der Mitte des Ofens.

Stück: 178 kcal, F 12 g, Kh 12 g, E 5 g

TIPP

Genuss-Tipp

Der Käse läuft beim Backen etwas aus und wird auf dem Blech schön knusprig.
Die Käsekruste unbedingt mitservieren.

Lässt sich vorbereiten

Päckli ca. ½ Tag im Voraus formen, zugedeckt im Kühlschrank aufbewahren.
Kurz vor dem Servieren backen.

Würstli im Teig

 **10 Min. + 18 Min. backen**

Ergibt 12 Stück

1	**ausgewallter Pizza-teig** (ca. 28 × 38 cm)	Ofen auf 220 Grad vorheizen. Teig entrollen, quer in 12 gleich breite Streifen schneiden.
12	**gekochte Merguez** (ca. 420 g)	Würste mit dem Senf bestreichen. Teigstreifen um die Würste wickeln. Teigenden leicht andrücken, auf ein mit Backpapier belegtes Blech legen, mit wenig Wasser bestreichen.
1 EL	**scharfer Senf** **Wasser** zum Bestreichen	
200 g	**saurer Halbrahm**	**Backen:** ca. 18 Min. in der Mitte des Ofens. Herausnehmen, mit wenig Wasser bestreichen. Sauren Halbrahm und Ketchup verrühren, dazu servieren.
3 EL	**Ketchup**	

Stück: 262 kcal, F 16 g, Kh 24 g, E 9 g

TIPP

Variante
Statt Merguez 6 Schweinswürstli, halbiert,
verwenden.

Lässt sich vorbereiten
Würste ca. ½ Tag im Voraus umwickeln,
zugedeckt im Kühlschrank aufbewahren.
Kurz vor dem Servieren backen.

Knusper-Sonne

⏱ **15 Min. + 18 Min. backen**   🥕 **vegetarisch**   🥛 **laktosefrei**

Ergibt 32 Stück

2 ausgewallte Blätterteige (je ca. 32 cm Ø)	Ofen auf 220 Grad vorheizen. Einen Teig entrollen, mit dem Backpapier ins Blech ziehen.
3 EL Pesto **3 EL Ajvar** (siehe Hinweis) **1 Ei** **½ TL Fleur de Sel** **1 EL Pinienkerne**	Teig abwechselnd ringförmig mit dem Pesto und mit dem Ajvar bestreichen, zweiten Teig entrollen, mit dem Backpapier nach oben darauflegen, Backpapier entfernen. Teig strahlenförmig 32 Mal bis ca. 4 cm zur Mitte hin einschneiden, Streifen verdrehen. Ei verklopfen, Teig damit bestreichen. Fleur de Sel und Kerne darüberstreuen.
	Backen: ca. 18 Min. in der unteren Hälfte des Ofens.

Stück: 81 kcal, F 6 g, Kh 7 g, E 1 g

TIPP

Hinweis

Ajvar ist ein Gemüsemus aus roten Peperoni oder aus einer Mischung von Peperoni und Auberginen. Erhältlich in grösseren Coop Supermärkten.

Lässt sich vorbereiten

Knusper-Sonne ca. ½ Tag im Voraus backen, auf einem Gitter auskühlen. Nach Belieben kurz vor dem Servieren ca. 2 Min. aufbacken.

Laugengebäck mit Kürbiskernen

🕙 10 Min. + 10 Min. backen 🥕 vegetarisch 🚫 laktosefrei

Ergibt 24 Stück

1	ausgewallter Blätterteig (ca. 25 × 42 cm)	Ofen auf 220 Grad vorheizen. Teig entrollen, in 24 gleich grosse Rechtecke schneiden.
1 Päckli	Natronpulver (5 g)	Natron und Salz mit dem Wasser anrühren, Teig mit der Hälfte der Lauge bestreichen. Kürbiskerne grob hacken, mit den Chiliflocken auf dem Teig verteilen. Bei jedem Teigstück eine Ecke einschlagen, auf ein mit Backpapier belegtes Blech legen, mit restlicher Lauge bestreichen.
2 Prisen	Salz	
1 EL	lauwarmes Wasser	
50 g	Kürbiskerne	
½ TL	Chiliflocken	
		Backen: ca. 10 Min. in der Mitte des Ofens.

Stück: 63 kcal, F 4 g, Kh 5 g, E 1 g

> **TIPP**
>
> **Lässt sich vorbereiten**
> Laugengebäck ca. ½ Tag im Voraus backen, auf einem Gitter auskühlen.

Speck-Muffins

20 Min. + 25 Min. backen

Für ein Muffinsblech mit 12 Vertiefungen von je ca. 7 cm Ø, gefettet, bemehlt
oder mit Papier-Backförmchen ausgelegt

300 g	**Mehl**	Ofen auf 180 Grad vorheizen.
1 Päckli	**Backpulver**	Mehl, Backpulver und Salz in einer Schüssel mischen.
1 TL	**Salz**	
2 dl	**Milch**	Milch, Öl, Eier und Senf verrühren, unter das Mehl
½ dl	**Olivenöl**	rühren. Salbei fein schneiden, Baumnusskerne grob
3	**Eier**	hacken, beides mit dem Speck beigeben, mischen.
1 EL	**grobkörniger Senf**	Teig im vorbereiteten Blech verteilen.
5	**Salbeiblätter**	
20 g	**Baumnusskerne**	
80 g	**Speckwürfeli**	
		Backen: ca. 25 Min. in der Mitte des Ofens. Herausnehmen, auf einem Gitter etwas abkühlen.

Stück: 186 kcal, F 9 g, Kh 19 g, E 7 g

TIPP

Genuss-Tipp
Die Muffins schmecken frisch und
lauwarm am besten.

Tomaten-Käse-Schnittli

⏱ **15 Min. + 10 Min. backen**　🥕 **vegetarisch**

Ergibt ca. 20 Stück

150 g	**Brot**	Ofen auf 220 Grad vorheizen.
1	**Tomate**	Brot in ca. 1 cm dicke Scheiben schneiden. Tomate ent-
120 g	**geriebener Gruyère**	kernen, in Würfeli schneiden. Käse, Tomatenpüree,
2 EL	**Tomatenpüree**	Rahm, Ei, Mehl und Thymian mischen, würzen. Toma-
3 EL	**Rahm**	tenwürfeli daruntermischen, Brotscheiben damit
1	**Ei**	bestreichen, auf ein mit Backpapier belegtes Blech
2 TL	**Mehl**	legen.
2 TL	**Thymianblättchen**	
wenig	**Edelsüss-Paprika**	
2 Prisen	**Salz**	

einige	**Basilikumblätter**	**Backen:** ca. 10 Min. in der oberen Hälfte des Ofens. Herausnehmen, in Stücke schneiden, Basilikum darüberstreuen.

Stück: 57 kcal, F 3 g, Kh 4 g, E 3 g

TIPP

Lässt sich vorbereiten

Käsemasse ca. 1 Tag im Voraus zubereiten, zugedeckt im Kühlschrank aufbewahren. Brot kurz vor dem Servieren in Scheiben schneiden, bestreichen, backen, in Streifen schneiden und garnieren.

Crostini mit Hüttenkäse und Mostbröckli

🕐 **15 Min. + 10 Min. backen**

Ergibt 12 Stück

6	**Frischback-Brötli** (je ca. 60 g)	Ofen auf 220 Grad vorheizen. Brötli quer halbieren, auf ein mit Backpapier belegtes Blech legen. Mostbröckli fein, Petersilie grob schneiden, beides mit dem Hüttenkäse und der Hälfte des Käses mischen. Masse auf die Brote verteilen, restlichen Käse darüberstreuen, Öl darüberträufeln.
60 g	**Mostbröckli**	
3	**Zweiglein glattblättrige Petersilie**	
200 g	**Hüttenkäse**	
4 EL	**geriebener Sbrinz**	
1 EL	**Olivenöl**	

Backen: ca. 10 Min. in der Mitte des Ofens.

Stück: 142 kcal, F 3 g, Kh 20 g, E 8 g

TIPP

Variante
Statt Frischback-Brötli 1 Baguette,
in Scheiben, verwenden.

Hotdogs mit Sauerkraut

 **15 Min. + 12 Min. backen**

Ergibt 8 Stück

250 g	**gekochtes Sauerkraut**	Ofen auf 220 Grad vorheizen.
2	**Frischback-Baguettes** (je 125 g)	Sauerkraut in einem Sieb gut ausdrücken. Baguettes quer und längs halbieren, auf ein mit Backpapier belegtes Blech legen. Brote mit dem Frischkäse bestreichen, Sauerkraut darauf verteilen. Würstli halbieren, darauflegen, etwas andrücken. Käse darüberstreuen.
3 EL	**Doppelrahm-Frischkäse**	
4	**Schweinswürstli** (je ca. 50 g)	
2 EL	**geriebener Gruyère**	
1 Bund	**Schnittlauch**	**Backen:** ca. 12 Min. in der Mitte des Ofens. Herausnehmen, Schnittlauch fein schneiden, darüberstreuen, Senf dazu servieren.
3 EL	**Honigsenf**	

Stück: 177 kcal, F 7 g, Kh 17 g, E 9 g

> **TIPP**
>
> **Varianten**
> Statt Frischback-Baguettes 4 Hotdog-Brötli verwenden.
> Statt Honigsenf Ketchup oder BBQ-Sauce dazu servieren.

Knusper-Zigarren

🕐 **15 Min. + 12 Min. backen**   ⬚ **laktosefrei**

Ergibt 18 Stück

150 g **Gruyère** **18** **Tranchen** **Bündnerfleisch** (ca. 120 g) **3** **Zweiglein Petersilie** **3 EL** **Olivenöl**	Ofen auf 200 Grad vorheizen. Käse in 18 Stängelchen schneiden, mit Bündnerfleisch umwickeln. Petersilie fein schneiden, mit dem Öl mischen.
1 Päckli **Strudelteig** (ca. 120 g)	Teigblätter sorgfältig auseinanderfalten, zwei Blätter mit wenig Petersilienöl bestreichen. Mit je einem Teigblatt bedecken, mit wenig Petersilienöl bestreichen. Teige längs und quer dritteln. Käsepäckli diagonal auf die Teigstücke legen. Von der Spitze her aufrollen, dabei seitliche Ränder einschlagen. Mit dem Verschluss nach unten auf ein mit Backpapier belegtes Blech legen, mit dem restlichen Petersilienöl bestreichen.
	Backen: ca. 12 Min. in der Mitte des Ofens.

Stück: 86 kcal, F 5 g, Kh 4 g, E 5 g

Strudel-Schnecken

    vegetarisch

Ergibt ca. 24 Stück

1 Päckli	**Strudelteig** (ca. 120 g)	Ofen auf 200 Grad vorheizen.
3 EL	**Olivenöl**	Teigblätter sorgfältig auseinanderfalten, zwei Blätter mit wenig Öl bestreichen. Mit je einem Teigblatt be-
4 EL	**Tomatenpesto**	decken, mit wenig Öl, dann mit dem Pesto bestreichen.
50 g	**geschälte Mandeln**	Mandeln grob hacken, Feta fein zerbröckeln, beides
200 g	**Feta**	auf dem Pesto verteilen. Teige aufrollen, in ca. 3 cm
2 EL	**geriebener Sbrinz**	dicke Scheiben schneiden, auf ein mit Backpapier belegtes Blech stellen. Käse darüberstreuen, mit dem restlichen Öl beträufeln.

Backen: ca. 15 Min. in der Mitte des Ofens.

Stück: 77 kcal, F 6 g, Kh 3 g, E 2 g

Strudel-Bonbons mit Rucola

 15 Min. + 15 Min. backen   vegetarisch

Ergibt 18 Stück

1	**Bio-Zitrone**	Ofen auf 200 Grad vorheizen.
20 g	**Rucola**	Von der Zitrone die Hälfte der Schale abreiben, 2 TL
250 g	**Ricotta**	Saft auspressen. Rucola fein schneiden, alles mit
½ TL	**Salz**	dem Ricotta verrühren, würzen. Butter in einer kleinen
wenig	**Pfeffer**	Pfanne schmelzen, etwas abkühlen.
50 g	**Butter**	

1 Päckli Strudelteig (ca. 120 g)
¼ TL Fleur de Sel

Teigblätter sorgfältig auseinanderfalten, zwei Blätter mit wenig Butter bestreichen. Mit je einem Teigblatt bedecken, mit wenig Butter bestreichen. Teige längs und quer dritteln. Je ca. 1 EL Ricottamasse in die Mitte der Teigstücke geben, aufrollen. Die Teigenden so verdrehen und zusammendrücken, dass Bonbons entstehen. Mit dem Verschluss nach unten auf ein mit Backpapier belegtes Blech legen, mit der restlichen Butter bestreichen. Fleur de Sel darüberstreuen.

Backen: ca. 15 Min. in der Mitte des Ofens.

Stück: 68 kcal, F 5 g, Kh 5 g, E 2 g

TIPP

Variante
Statt Rucola Jungspinat oder Bärlauch verwenden.

Landjägerfladen

⏱ **10 Min.+ 20 Min. backen**   🥛 laktosefrei

Ergibt ca. 32 Stück

800 g	**Pizzateig**	Ofen auf 240 Grad vorheizen.
2	**Landjäger**	Teig auf wenig Mehl rechteckig ca. 30 × 40 cm auswallen, in ein mit Backpapier belegtes Blech legen.
5	**entsteinte Oliven**	Landjäger in feine Scheiben schneiden. Oliven halbieren, Tomaten in Streifen schneiden, alles auf dem Teig verteilen. Öl und Thymian verrühren, die Hälfte davon über den Fladen träufeln.
5	**getrocknete Tomaten in Öl**	
2 EL	**Olivenöl**	
2 TL	**Thymianblättchen**	

Backen: ca. 20 Min. in der unteren Hälfte des Ofens. Herausnehmen, restliches Öl darüberträufeln.

Stück: 92 kcal, F 4 g, Kh 12 g, E 3 g

TIPP

Genuss-Tipp
Der Fladen schmeckt lauwarm am besten.

Varianten
Statt Thymian Rosmarin, fein geschnitten, verwenden. Oder Thymian weglassen, den gebackenen Fladen kurz vor dem Servieren mit Majoranblättchen garnieren.

Knusperpizza mit Rohschinken

 **10 Min. + 15 Min. backen**

Ergibt ca. 12 Stück

1	**ausgewallter Pizza-teig** (ca. 28 cm Ø)	Ofen auf 220 Grad vorheizen.
1 EL	**Olivenöl**	Teig entrollen, mit dem Backpapier auf ein Blech legen. Teig mit Öl bestreichen, ein rundes Kuchengitter darauflegen, gut andrücken und zum Backen auf dem Teig lassen.
		Backen: ca. 15 Min. in der unteren Hälfte des Ofens. Herausnehmen, Gitter entfernen.
100 g	**Crème fraîche**	Pizza in ca. 12 Stücke schneiden. Crème fraîche darauf verteilen, Schinken in Stücke zupfen, darauflegen. Oregano darüberstreuen, würzen.
100 g	**Rohschinken in Tranchen**	
einige	**Oreganoblättchen**	
wenig	**Pfeffer**	

Stück: 138 kcal, F 7 g, Kh 13 g, E 5 g

TIPP

Variante

Statt Rohschinken geräucherten Lachs oder geräucherte Forelle verwenden.

Mini-Calzoni

Ergibt 16 Stück

1	**ausgewallter Pizza-teig** (ca. 28 × 38 cm)	Ofen auf 240 Grad vorheizen.
2 EL	**Pesto**	Teig entrollen, mit einem Teigrädchen in 32 gleich grosse Rechtecke schneiden. Die Hälfte davon mit dem Pesto bestreichen.
50 g	**Rohschinken**	Schinken fein schneiden, mit dem Mozzarella auf die bestrichenen Teigstücke verteilen. Restliche Teig-stücke darauflegen, Ränder gut andrücken, auf ein mit Backpapier belegtes Blech legen, mit einer Gabel dicht einstechen.
1 Beutel	**Mozzarella Mini** (ca. 285 g)	
2	**Zweiglein Petersilie**	**Backen:** ca. 15 Min. in der unteren Hälfte des Ofens. Herausnehmen, Petersilie fein schneiden, mit dem Öl verrühren, Calzoni damit bestreichen.
1 EL	**Olivenöl**	

Stück: 134 kcal, F 8 g, Kh 10 g, E 6 g

TIPP

Vegi-Variante
Statt Rohschinken einige Dörrtomaten
in Öl, abgetropft, in feine Streifen geschnitten,
verwenden.

Sesam-Stangen

⏱ **10 Mln. + 20 Min. backen**    **vegetarisch**    **laktosefrei**

Apéro für 4 Personen

1	**ausgewallter Flammkuchenteig** (ca. 25 × 38 cm)	Ofen auf 200 Grad vorheizen. Teig entrollen, mit dem Backpapier auf ein Blech legen. Teig diagonal in ca. 2 cm breite Streifen schneiden.
1	**Ei**	Ei mit dem Sambal Oelek verklopfen, Teig damit bestreichen. Sesam darüberstreuen.
½ TL	**Sambal Oelek**	
2 TL	**schwarzer Sesam**	
2 TL	**heller Sesam**	
		Backen: ca. 20 Min. in der Mitte des Ofens.

Portion: 230 kcal, F 8 g, Kh 31 g, E 7 g

TIPP

Lässt sich vorbereiten

Sesam-Stangen ca. ½ Tag im Voraus backen,
auf einem Gitter auskühlen.

Pikante Birnen-Tarte

 **15 Min. + 25 Min. backen**    **vegetarisch**

Für ein Backblech von (28 cm Ø)
Ergibt ca. 16 Stück

1	**ausgewallter Dinkelkuchenteig** (ca. 32 cm Ø)	Ofen auf 220 Grad vorheizen. Teig entrollen, mit dem Backpapier ins Blech legen. Boden mit einer Gabel dicht einstechen.
40 g	**Baumnusskerne**	Baumnusskerne grob hacken, die Hälfte davon auf dem Teigboden verteilen. Käse, Eier, Mehl und Salz verrühren, abwechselnd mit dem Hüttenkäse auf den Baumnusskernen verteilen. Birne vierteln, Kerngehäuse entfernen, in Schnitze schneiden, Tarte damit belegen. Peperoncino entkernen, in Ringe schneiden, mit dem Thymian und den restlichen Baumnusskernen über die Tarte streuen.
130 g	**geriebener Gruyère**	
2	**Eier**	
2 TL	**Mehl**	
¼ TL	**Salz**	
200 g	**Hüttenkäse**	
1	**Birne**	
1	**roter Peperoncino**	
2 TL	**Thymianblättchen**	
2 Prisen	**Fleur de Sel**	**Backen:** ca. 25 Min. auf der untersten Rille des Ofens. Herausnehmen, Fleur de Sel darüberstreuen.

Stück: 147 kcal, F 10 g, Kh 8 g, E 6 g

Currywurst-Kranz

⏱ 20 Min. + 30 Min. backen   🥛 laktosefrei

Ergibt ca. 18 Stück

1	**ausgewallter Kuchenteig** (ca. 25 × 42 cm)	Ofen auf 220 Grad vorheizen. Teig entrollen, quer halbieren.
2 EL **1 TL** **2**	**grobkörniger Senf** **milder Curry** **Schweinsbratwürste** (je ca. 100 g)	Senf und Curry verrühren, die unteren Teighälften damit bestreichen, Würste darauflegen. Teige satt aufrollen, ca. 10 Min. kühl stellen. Die Rollen in ca. 2 cm dicke Scheiben schneiden, in ein mit Backpapier belegtes Blech stellen.
100 g **2 TL** **2 EL**	**Ketchup** **milder Curry** **Röstzwiebeln**	**Backen:** ca. 30 Min. in der Mitte des Ofens. Herausnehmen, Ketchup und Curry verrühren, Röstzwiebeln darüberstreuen, zum Wurstkranz servieren.

Stück: 105 kcal, F 6 g, Kh 9 g, E 3 g

TIPP

Teigresten nicht wegwerfen

Die Teigenden der Rolle, die keine Wurstfüllung haben, falten und ebenfalls ins Blech zwischen die Rollen stellen.

Salami-Gipfeli

⏱ **10 Min. + 15 Min. backen**

Ergibt 12 Stück

1	**ausgewallter Kuchenteig** (ca. 32 cm Ø)	Ofen auf 220 Grad vorheizen. Teig entrollen, in 12 gleich grosse Kuchenstücke schneiden.
5 **80 g** **12** **1**	**Salbeiblätter** **Crème fraîche** **Scheiben Salami** (ca. 60 g) **Ei**	Salbei fein schneiden, mit der Crème fraîche verrühren. Füllung auf dem breiteren Teil der Teigstücke verteilen. Salami drauflegen, Teigstücke zur Spitze hin aufrollen. Gipfeli auf ein mit Backpapier belegtes Blech legen, Ei verklopfen, Gipfeli damit bestreichen.
		Backen: ca. 15 Min. in der Mitte des Ofens.

Stück: 135 kcal, F 9 g, Kh 11 g, E 3 g

TIPP

Lässt sich vorbereiten

Gipfeli ca. ½ Tag im Voraus formen, zugedeckt im Kühlschrank aufbewahren. Kurz vor dem Servieren mit Ei bestreichen und backen.

Forellen-Gipfeli

15 Min. + 15 Min. backen

Ergibt 12 Stück

1	**ausgewallter Blätterteig** (ca. 32 cm Ø)	Ofen auf 220 Grad vorheizen. Teig entrollen, in 12 gleich grosse Kuchenstücke schneiden.
100 g	**geräucherte Forelle**	Fisch grob, Dill fein schneiden, mit dem Frischkäse mischen, salzen. Füllung auf dem breiteren Teil der Teigstücke verteilen. Ei verklopfen, Teigränder mit wenig Ei bestreichen, Teigstücke zur Spitze hin aufrollen. Gipfeli auf ein mit Backpapier belegtes Blech legen, mit einer Gabel dicht einstechen, mit restlichem Ei bestreichen.
2	**Zweiglein Dill**	
50 g	**Frischkäse mit Meerrettich**	
2 Prisen	**Salz**	
1	**Ei**	
		Backen: ca. 15 Min. in der Mitte des Ofens.

Stück: 115 kcal, F 7 g, Kh 9 g, E 4 g

TIPP

Lässt sich vorbereiten

Gipfeli ca. ½ Tag im Voraus formen, mit dem restlichen Ei separat zugedeckt im Kühlschrank aufbewahren. Kurz vor dem Servieren Gipfeli mit dem restlichen Ei bestreichen und backen.

Schinkengipfel

 **20 Mln. + 15 Min. backen**

Ergibt 16 Stück

200 g **Hinterschinken in Tranchen**	Ofen auf 220 Grad vorheizen.
4 **Zweiglein Petersilie**	Schinken fein, Petersilie grob schneiden, mit dem
150 g **Rahmquark**	Quark und dem Senf mischen, würzen.
2 TL **grobkörniger Senf**	
¼ TL **Salz**	
wenig **Pfeffer**	

2 **ausgewallte Blätterteige** (je ca. 32 cm Ø)	Teige in je 8 gleich grosse Kuchenstücke schneiden. Füllung auf dem breiteren Teil der Teigstücke verteilen. Ei verklopfen, Teigränder mit wenig Ei bestreichen, Teigstücke zur Spitze hin aufrollen, Enden gut zusammendrücken. Gipfel auf ein mit Backpapier belegtes Blech legen, mit restlichem Ei bestreichen.
1 **Ei**	

Backen: ca. 15 Min. in der Mitte des Ofens.

Stück: 164 kcal, F 10 g, Kh 14 g, E 5 g

TIPP

Lässt sich vorbereiten

Gipfel ca. ½ Tag im Voraus formen,
mit dem restlichen Ei separat zugedeckt
im Kühlschrank aufbewahren. Kurz
vor dem Servieren Gipfel mit dem restlichen
Ei bestreichen und backen.

Speckschnecken

⏱ **25 Min. + 15 Min. backen**   ▯ **laktosefrei**

Ergibt ca. 20 Stück

1	**ausgewallter Blätterteig** (ca. 25 × 42 cm)	Ofen auf 220 Grad vorheizen. Teig entrollen, mit dem Pesto bestreichen.
4 EL	**rotes Pesto**	

3	**Zweiglein glattblättrige Petersilie**	Petersilie grob schneiden, Pistazien grob hacken, beides mit dem Speck auf dem Teig verteilen. Käse darüberstreuen. Teig von der Längsseite her satt aufrollen, Rolle ca. 10 Min. kühl stellen. Rolle in ca. 2 cm dicke Scheiben schneiden, an die Spiesschen stecken, mit genügend Abstand auf ein mit Backpapier belegtes Blech legen. Käse darüberstreuen.
3 EL	**ungesalzene geschälte Pistazien**	
80 g	**Speckwürfeli**	
2 EL	**geriebener Gruyère**	
20	**Holzspiesschen**	
1 EL	**geriebener Gruyère**	

Backen: ca. 15 Min. in der Mitte des Ofens. Herausnehmen, etwas abkühlen, lauwarm servieren.

Stück: 98 kcal, F 7 g, Kh 7 g, E 2 g

TIPP

Variante

Statt rotem Pesto Basilikumpesto oder Tapenade verwenden.

Lässt sich vorbereiten

Teigrolle ca. ½ Tag im Voraus vorbereiten, zugedeckt im Kühlschrank aufbewahren.
Kurz vor dem Servieren schneiden und backen.

Chäspäckli

🕐 10 Min. + 15 Min. backen   🥕 vegetarisch

Ergibt 12 Stück

1	**ausgewallter Blätterteig** (ca. 25 × 42 cm)	Ofen auf 220 Grad vorheizen. Teig entrollen, in 12 gleich grosse Rechtecke schneiden, mit einer Gabel dicht einstechen.
200 g	**Weichkäse** (z. B. Président Carré Gourmet)	Käse in 12 Stücke schneiden, auf die Mitte der Teigstücke legen, je 1 Baumnusskern darauflegen. Ei verklopfen, Teigränder mit wenig Ei bestreichen. Teigecken über den Baumnusskernen zusammenlegen, etwas andrücken. Päckli auf ein mit Backpapier belegtes Blech legen, mit restlichem Ei bestreichen. Fleur de Sel darüberstreuen.
12	**Baumnusskerne**	
1	**Ei**	
2 Prisen	**Fleur de Sel**	
2 EL	**Preiselbeeren aus dem Glas**	**Backen:** ca. 15 Min. in der Mitte des Ofens. Herausnehmen, Preiselbeeren darauf verteilen.

Stück: 173 kcal, F 12 g, Kh 12 g, E 5 g

TIPP

Variante

Statt Président Carré Gourmet 160 g Pavé de Rougemont oder Pavé mit Trüffel verwenden.

Lässt sich vorbereiten

Chäspäckli ca. ½ Tag im Voraus formen, mit dem restlichen Ei separat zugedeckt im Kühlschrank aufbewahren. Kurz vor dem Servieren Päckli mit dem restlichen Ei bestreichen und backen.

Pilz-Speck-Fladen mit Feigen

⏱ **15 Min. + 15 Min. backen**

Ergibt ca. 16 Stück

1	**ausgewallter Pizza-teig** (ca. 28 cm Ø)	Ofen auf 240 Grad vorheizen. Teig entrollen, mit dem Backpapier auf ein Blech legen, etwas dünner und oval ausziehen.
100 g	**Crème fraîche**	Crème fraîche und Tomatenpüree verrühren, auf dem Teig verteilen. Zwiebel schälen, in feine Ringe, Champignons in Scheiben schneiden, beides auf der Tomatencreme verteilen, würzen.
1 EL	**Tomatenpüree**	
1	**rote Zwiebel**	
100 g	**Champignons**	
¼ TL	**Salz**	
wenig	**Pfeffer**	
2	**Feigen**	**Backen:** ca. 15 Min. auf der untersten Rille des Ofens. Herausnehmen, Feigen in Schnitzchen schneiden, Speck halbieren, beides auf dem Fladen verteilen. Majoranblättchen abzupfen, darüberstreuen, würzen.
50 g	**Rohessspeck in Tranchen**	
2	**Zweiglein Majoran**	
wenig	**Pfeffer**	

Stück: 103 kcal, F 5 g, Kh 11 g, E 3 g

Pizzette verdi

⏱ **15 Min. + 18 Min. backen**   🥕 vegetarisch

Ergibt 6 Stück

1	**ausgewallter Pizzateig** (ca. 28 × 38 cm)	Ofen auf 240 Grad vorheizen. Teig entrollen, in 6 gleich grosse Rechtecke schneiden. Teigecken einschlagen, mit dem Backpapier auf ein Blech ziehen. Teig mit dem Mascarpone bestreichen.
100 g	**Mascarpone**	
1	**Zucchini** (ca. 200 g)	Zucchini in ca. 3 mm dicke Scheiben hobeln, Bundzwiebel in feine Ringe schneiden, beides mit den Erbsli auf dem Mascarpone verteilen, würzen. Käse darüberstreuen, Öl darüberträufeln.
1	**Bundzwiebel mit dem Grün**	
50 g	**tiefgekühlte Erbsli,** angetaut	
½ TL	**Salz**	
wenig	**Pfeffer**	
3 EL	**geriebener Parmesan**	
1 EL	**Olivenöl**	
2	**Zweiglein Pfefferminze**	**Backen:** ca. 18 Min. auf der untersten Rille des Ofens. Herausnehmen, Pfefferminzblättchen abzupfen, darüberstreuen.

Stück: 399 kcal, F 19 g, Kh 46 g, E 11 g

> **TIPP**
>
> **Genuss-Tipp**
> Die Pizzette schmecken am besten heiss
> oder lauwarm.
>
> **Variante**
> 1 roter Peperoncino, entkernt,
> in feinen Ringen, vor dem Backen
> auf den Pizzette verteilen.

Kürbispizza

⏱ **15 Min. + 25 Min. backen**   🥕 **vegetarisch**

Ergibt 16 Stück

1	**ausgewallter Pizza-teig** (ca. 28 × 38 cm)	Ofen auf 240 Grad vorheizen.
200 g	**Crème fraîche**	Teig entrollen, mit dem Backpapier in ein Blech ziehen, Teigrand rundum ca. 1 cm breit einschlagen. Teig mit der Crème fraîche bestreichen.
300 g	**Kürbis** (z. B. Butternut)	Kürbis schälen, grob reiben, Peperoncino entkernen, fein hacken, beides mit dem Öl mischen, salzen, auf der Crème fraîche verteilen. Kürbiskerne grob hacken, darüberstreuen.
1	**roter Peperoncino**	
1 EL	**Olivenöl**	
½ TL	**Salz**	
2 EL	**Kürbiskerne**	
4	**Zweiglein Oregano**	**Backen:** ca. 25 Min. auf der untersten Rille des Ofens. Herausnehmen, Oreganoblättchen abzupfen, darüberstreuen.

Stück: 164 kcal, F 9 g, Kh 19 g, E 3 g

TIPP

Nicht alle mögens rassig
Falls nicht alle die Schärfe des Peperoncinos mögen, diesen nur über einen Teil der Pizza streuen.

Schinken-Quadrini

 **10 Min. + 15 Min. backen**

Ergibt 32 Stück

1	**ausgewallter Pizza-teig** (ca. 28 × 38 cm)	Ofen auf 240 Grad vorheizen. Teig entrollen, in 32 gleich grosse Rechtecke schneiden, mit dem Backpapier in ein Blech ziehen.
3 EL **50 g** **150 g**	**Pesto** **Hinterschinken in Tranchen** **Mozzarella**	Pesto auf die Mitte der Teigstücke verteilen. Schinken fein schneiden, darauf verteilen. Mozzarella grob reiben, darüberstreuen.
wenig	**Pfeffer**	**Backen:** ca. 15 Min. in der unteren Hälfte des Ofens. Herausnehmen, würzen.

Stück: 75 kcal, F 3 g, Kh 8 g, E 3 g

Fleischkäsebrote

⏱ 10 Min. + 20 Min. backen   🥛 laktosefrei

Ergibt ca. 20 Stück

250 g	**Ruchbrot** (siehe Hinweis)	Ofen auf 220 Grad vorheizen. Brot längs in 4 Scheiben schneiden, mit Senf bestreichen. Petersilie grob schneiden, mit dem Fleischkäse mischen, auf den Brotscheiben verteilen, auf ein Backblech legen.
3 EL	**Senf**	
½ Bund	**glattblättrige Petersilie**	
500 g	**Fleischkäse zum Selberbacken** (Kalbsbrät)	
5	**Essiggurken**	**Backen:** ca. 20 Min. in der Mitte des Ofens. Herausnehmen, in Stücke schneiden. Gurken in Scheiben schneiden, mit Zahnstochern auf die Fleischkäsebrote stecken oder separat dazu servieren.

Stück: 101 kcal, F 7 g, Kh 6 g, E 4 g

TIPP

Hinweis

Kaufen Sie ein Ruchbrot von 250 g und schneiden Sie es längs in Scheiben. Alternativ eignet sich auch ein 500-g-Ruchbrot. Schneiden Sie davon die Hälfte quer in Scheiben.

Lässt sich vorbereiten

Brote ca. ½ Tag im Voraus bestreichen, zugedeckt im Kühlschrank aufbewahren. Kurz vor dem Servieren backen und garnieren.

Crostini mit Feta und Oliven

Ergibt ca. 12 Stück

2	**Brötchen** (z. B. Pagnol, je ca. 100 g)	Ofen auf 220 Grad vorheizen.
1 EL	**Olivenöl**	Brötchen halbieren, auf ein Backblech legen, mit dem Öl beträufeln.
200 g	**Feta**	Feta fein zerbröckeln, sauren Halbrahm mit einer Gabel gut daruntermischen, auf den Brötchen verteilen.
100 g	**saurer Halbrahm**	
50 g	**entsteinte Oliven**	**Backen:** ca. 10 Min. in der oberen Hälfte des Ofens. Herausnehmen, Oliven halbieren, Pistazien grob hacken, mit der Pfefferminze darüberstreuen. Honig darüberträufeln, würzen.
1 EL	**Pistazien**	
einige	**Pfefferminzblätter**	
2 TL	**flüssiger Honig**	
wenig	**Pfeffer**	

Stück: 131 kcal, F 8 g, Kh 9 g, E 5 g

Füllen und belegen

Jetzt dürfen Sie für einmal hemmungslos dick auftragen, aufschneiden und hochstapeln – und alle Ihre Gäste werden Sie genau dafür lieben, garantiert!

Toast-Variationen

 **15 Min.**

Ergibt 18 Stück

2	**Essiggurken**
2	**Zweiglein Petersilie**
125 g	**Frischkäse nature**
1 EL	**grobkörniger Senf**
¼	**Gurke** (ca. 100 g)
9	**Scheiben Toastbrot**
100 g	**Roastbeef in Tranchen**
100 g	**geräucherter Lachs in Tranchen**
wenig	**Micro Greens**

Essiggurken und Petersilie fein hacken, mit dem Frischkäse und dem Senf verrühren. Gurke in fei Scheiben schneiden. Brote toasten, diagonal hal- bieren, mit dem Frischkäse bestreichen. Je 6 Toas mit Roastbeef, Lachs und Gurke belegen. Micro Greens darauf verteilen.

Stück: 75 kcal, F 4 g, Kh 6 g, E 4 g

TIPP

Varianten
Statt geräucherten Lachs geräucherte Forelle, statt Gurke Radiesli verwenden.

Lässt sich vorbereiten
Frischkäse ca. ½ Tag im Voraus zubereiten, zugedeckt im Kühlschrank aufbewahren.

Eierbrötli

 10 Min.   🥕 vegetarisch

Ergibt ca. 18 Stück

½ **Bund**	**Schnittlauch**
2	**hart gekochte Eier**
100 g	**Rahmquark**
¼ TL	**Salz**
wenig	**Pfeffer**
3	**Weggli**
1 EL	**Senf**

Schnittlauch fein schneiden, Eier schälen, grob hacken, beides mit dem Quark mischen, würzen. Weggli aufschneiden, mit dem Senf bestreichen. Eierfüllung darauf verteilen, Wegglideckel aufsetzen, in je ca. 6 Stücke schneiden, mit Zahnstochern fixieren.

Stück: 51 kcal, F 2 g, Kh 5 g, E 2 g

TIPP

Variante

Eimasse nach Belieben mit Curry oder Cayennepfeffer verfeinern.

Lässt sich vorbereiten

Eimasse ca. ½ Tag im Voraus zubereiten, zugedeckt im Kühlschrank aufbewahren. Weggli kurz vor dem Servieren füllen.

Rüebli-Laugen-Bruschette

⏱ **15 Min.**   🥕 **vegetarisch**

Ergibt 8 Stück

2	**Laugenzöpfli** (je ca. 100 g)	Zöpfli längs aufschneiden, toasten, halbieren.
1	**Rüebli** (ca. 100 g)	Rüebli schälen, mit dem Apfel grob reiben. Zitronensaft, sauren Halbrahm und Sambal Oelek daruntermischen, salzen. Rüeblimasse auf den Zöpflischeiben verteilen. Kerbelblättchen abzupfen, darauf verteilen.
1	**rotschaliger Apfel**	
1 TL	**Zitronensaft**	
100 g	**saurer Halbrahm**	
¼ TL	**Sambal Oelek**	
2 Prisen	**Fleur de Sel**	
2	**Zweiglein Kerbel**	

Stück: 103 kcal, F 3 g, Kh 15 g, E 3 g

TIPP

Varianten

Statt Laugenzöpfli ca. 200 g Baguette, in Scheiben, verwenden.
Statt Rüebli Kohlrabi oder Sellerie verwenden.

Lässt sich vorbereiten

Rüeblimasse ca. ½ Tag im Voraus zubereiten, zugedeckt im Kühlschrank aufbewahren.

Bruschette mit Burrata und Prosciutto

🕑 **15 Min. + 3 Min. backen**

Ergibt ca. 12 Stück

200 g	**Brot** (z. B. Pagnol)	Ofen auf 240 Grad vorheizen.
1 EL	**Olivenöl**	Brot schräg in ca. 12 Scheiben schneiden, auf ein Backblech legen, mit dem Öl beträufeln.
		Backen: ca. 3 Min. in der oberen Hälfte des Ofens. Herausnehmen.
4 EL	**Pesto**	Bruschette mit je ca. 1 TL Pesto bestreichen. Rohschinken und Käse in Stücke zupfen, darauf verteilen. Crema di balsamico darüberträufeln, Rucola darauf verteilen.
100 g	**Rohschinken in Tranchen** (z. B. Prosciutto di Parma)	
200 g	**Burrata** (z. B. Piccola)	
2 TL	**Crema di balsamico**	
wenig	**Rucola**	

Stück: 159 kcal, F 11 g, Kh 9 g, E 7 g

TIPP

Variante
Statt Burrata Büffelmozzarella verwenden.

Lässt sich vorbereiten
Brotscheiben ca. ½ Tag im Voraus backen.

Vitello-tonnato-Crostini

⏱ **15 Min. + 3 Min. backen**   🥛 **laktosefrei**

Ergibt ca. 20 Stück

200 g	**Brot** (z. B. Baguette)	Ofen auf 240 Grad vorheizen.
1 EL	**Olivenöl**	Brot in ca. 20 Scheiben schneiden, auf ein Backblech legen, mit dem Öl beträufeln.
		Backen: ca. 3 Min. in der oberen Hälfte des Ofens. Herausnehmen.
1 Dose	**Thon in Salzwasser** (ca. 200 g)	Thon abtropfen, zerzupfen, Petersilie fein scheiden, beides mit der Mayonnaise und den Kapern mischen, salzen. Fleischtranchen auf die Arbeitsfläche legen, Thonmasse darauf verteilen, falten, auf die Crostini legen. Piment d'Espelette darüberstreuen.
2	**Zweiglein glattblättrige Petersilie**	
2 EL	**Mayonnaise**	
1 EL	**Kapern**	
2 Prisen	**Salz**	
20	**Tranchen Kalbsbraten** (ca. 150 g)	
wenig	**Piment d'Espelette** (siehe Hinweis)	

Stück: 68 kcal, F 3 g, Kh 6 g, E 5 g

> **TIPP**
>
> **Hinweis**
>
> Piment d'Espelette ist ein Chilipulver aus dem Baskenland. Es ist in grösseren Coop Supermärkten oder in Spezialitätenläden erhältlich. <u>Ersatz:</u> Cayennepfeffer.
>
> **Lässt sich vorbereiten**
>
> Crostini und Thonmasse ca. ½ Tag im Voraus zubereiten. Thonmasse zugedeckt im Kühlschrank aufbewahren.

Oliven-Toasts

⏱ **15 Min.**   ✏ **vegetarisch**   🥛 **laktosefrei**

Ergibt 20 Stück

100 g	**entsteinte grüne Oliven**	Oliven und Kapern fein, Pistazien grob hacken und Basilikum fein schneiden, alles in eine Schüssel geben. Von der Zitrone die Hälfte der Schale dazureiben, 2 TL Saft dazupressen, Käse und Öl daruntermischen, würzen.
1 EL	**Kapern**	
2 EL	**ungesalzene geschälte Pistazien**	
5	**Basilikumblätter**	
1	**Bio-Zitrone**	
2 EL	**geriebener Parmesan**	
1 EL	**Olivenöl**	
	Salz, Pfeffer, nach Bedarf	
5	**Scheiben Toastbrot**	Brote toasten, mit der Olivenpaste bestreichen. Toasts vierteln.

Stück: 41 kcal, F 3 g, Kh 3 g, E 1 g

TIPP

Variante

Statt grüne schwarze Oliven oder Dörrtomaten in Öl, abgetropft, verwenden.

Lässt sich vorbereiten

Olivenpaste ca. 1 Tag im Voraus zubereiten, zugedeckt im Kühlschrank aufbewahren.

Lachs-Avocado-Brötli

⏱ **15 Min.**   🥛 laktosefrei

Ergibt ca. 16 Stück

200 g **Brot** (z. B. Tessiner)	Brot in ca. 8 Scheiben schneiden, toasten, halbieren.
1 **Avocado** **150 g** **geräuchertes Lachsfilet am Stück** **3** **Zweiglein Koriander** **1** **roter Chili** **1** **Limette** **2 Prisen** **Fleur de Sel**	Avocado halbieren, Fruchtfleisch und Lachs in Würfeli, Koriander fein schneiden. Chili entkernen, fein hacken, alles in eine Schüssel geben. Limette heiss abspülen, trocken tupfen, wenig Schale dazureiben, 3 TL Saft dazupressen, sorgfältig mischen, salzen. Tatar auf den Toasts verteilen.

Stück: 65 kcal, F 3 g, Kh 6 g, E 4 g

TIPP

Lässt sich vorbereiten

Toasts und Tatar ca. ½ Tag im Voraus zubereiten. Tatar zugedeckt im Kühlschrank aufbewahren.

Radiesli-Crostini

⏱ 15 Min. + 3 Min. backen   🥕 vegetarisch

Ergibt ca. 24 Stück

200 g	**Brot** (z. B. Baguette)	Ofen auf 240 Grad vorheizen.
1 EL	**Olivenöl**	Brot in ca. 24 Scheiben schneiden, auf ein Backblech legen, mit dem Öl beträufeln.
		Backen: ca. 3 Min. in der oberen Hälfte des Ofens. Herausnehmen.
1 Bund	**Radiesli mit wenig Grün**	Radiesli in feine Scheiben schneiden, wenig Radiesligrün fein schneiden. Butter, Kurkuma und Radiesligrün in eine Schüssel geben, mit den Schwingbesen des Handrührgeräts ca. 2 Min. schaumig rühren. Crostini damit bestreichen. Radiesli darauf verteilen.
100 g	**gesalzene Butter,** weich	
1 TL	**Kurkuma**	

Stück: 58 kcal, F 4 g, Kh 5 g, E 1 g

TIPP

Variante
Statt Kurkuma Dukkah verwenden.

Lässt sich vorbereiten
Crostini und Kurkumabutter ca. ½ Tag
im Voraus zubereiten, Butter zugedeckt
im Kühlschrank aufbewahren.

Bruschette mit weissen Bohnen

⏱ 15 Min. + 3 Min. backen   🌿 vegan   🥛 laktosefrei

Ergibt ca. 12 Stück

250 g	**Ruchbrot**	Ofen auf 240 Grad vorheizen.
1 EL	**Olivenöl**	Brot in ca. 6 Scheiben schneiden, auf ein Backblech legen, mit dem Öl beträufeln.
		Rösten: ca. 3 Min. in der oberen Hälfte des Ofens. Herausnehmen, Bruschette halbieren.
1 Dose	**Cannellini-Bohnen** (ca. 400 g)	Bohnen abspülen, abtropfen, ¾ davon in einer Schüssel mit einer Gabel zerdrücken. Petersilie fein schneiden, Pistazien grob hacken, beides beigeben. Von der Orange Schale abreiben, beiseite stellen. Von der Orange Boden und Deckel, dann Schale rings- um bis auf das Fruchtfleisch wegschneiden. Orange in Würfeli schneiden, mit dem entstandenen Saft, dem Öl und den restlichen Bohnen in die Schüssel ge- ben, mischen, würzen. Bohnen auf den Bruschette verteilen, mit der beiseite gestellten Orangenschale bestreuen.
4	**Zweiglein glatt- blättrige Petersilie**	
1 EL	**ungesalzene geschälte Pistazien**	
1	**Bio-Orange**	
1 EL	**Olivenöl**	
¼ TL	**Salz**	
wenig	**Pfeffer**	

Stück: 93 kcal, F 3 g, Kh 13 g, E 3 g

TIPP

Variante
Statt Cannellini-Bohnen rote Bohnen oder Kichererbsen verwenden.

Lässt sich vorbereiten
Bruschette und Bohnen ca. ½ Tag im Voraus zubereiten. Bohnen zugedeckt im Kühlschrank aufbewahren.

Crevetten-Smörrebröd

⏱ **10 Min.**

Ergibt 12 Stück

160 g	**Cocktailcrevetten** (MSC)	Crevetten abspülen, abtropfen, trocken tupfen. Crème fraîche, Ketchup und 2 TL Preiselbeeren verrühren, würzen. Pumpernickel vierteln, Crevetten und Sauce darauf verteilen. Kerbelblättchen abzupfen, darauf verteilen, mit den restlichen Preiselbeeren garnieren.

160 g Cocktailcrevetten (MSC)
2 EL Crème fraîche
1 EL Ketchup
3 EL Preiselbeeren aus dem Glas
wenig Pfeffer
3 Scheiben Pumpernickel (ca. 90 g)
3 Zweiglein Kerbel

Crevetten abspülen, abtropfen, trocken tupfen. Crème fraîche, Ketchup und 2 TL Preiselbeeren verrühren, würzen. Pumpernickel vierteln, Crevetten und Sauce darauf verteilen. Kerbelblättchen abzupfen, darauf verteilen, mit den restlichen Preiselbeeren garnieren.

Stück: 43 kcal, F 1 g, Kh 5 g, E 3 g

TIPP

Vegi-Variante
Statt Crevetten geräucherten Tofu,
in Würfeli, verwenden.

Früchtebrot mit Tête de Moine

🕐 10 Min.   🥕 vegetarisch

Ergibt ca. 12 Stück

150 g	**Früchtebrot** (z. B. Bauernbirnbrot)
30 g	**Butter,** weich
110 g	**Tête-de-Moine-Rosetten**
6	**Baumnusskerne**
2 EL	**Feigen-Chutney** (z. B. Figues-Moutarde)

Brot in ca. 12 Scheiben schneiden, mit der Butter bestreichen. Käse darauf verteilen. Baumnusskerne halbieren, darauflegen, mit dem Chutney garnieren.

Stück: 101 kcal, F 6 g, Kh 8 g, E 3 g

TIPP

Variante
Statt Feigen-Chutney Honigsenf oder grobkörnigen Senf verwenden.

Lässt sich vorbereiten
Brote ca. ½ Tag im Voraus zubereiten, zugedeckt im Kühlschrank aufbewahren.

Forellen-Kaviar-Häppli

⏱ **5 Min.**

Ergibt 16 Stück

16	**Pumpernickel-Rondellen** (ca. 150 g)
125 g	**Doppelrahm-Frischkäse**
50 g	**Forellen-Kaviar**
wenig	**Micro Greens**
wenig	**Pfeffer**

Pumpernickel mit dem Frischkäse bestreichen. Kaviar darauf verteilen, mit den Micro Greens garnieren, Pfeffer darüberstreuen.

Stück: 53 kcal, F 3 g, Kh 4 g, E 2 g

TIPP

Varianten
Statt Doppelrahm-Frischkäse Frischkäse mit Meerrettich oder Kräutern verwenden.
Statt Forellen-Kaviar Balsamico-Perlen verwenden.

Lässt sich vorbereiten
Häppli ca. ½ Tag im Voraus zubereiten, zugedeckt im Kühlschrank aufbewahren.

Tortilla-Rohschinken-Rollen

⏱ **10 Min.**

Ergibt ca. 12 Stück

1 **Bio-Zitrone**
1 **roter Peperoncino**
6 **Basilikumblätter**
150 g **Mascarpone**
2 Prisen **Salz**
3 **Weizen-Tortillas** (ca. 180 g)
120 g **Rohschinken in Tranchen**

Von der Zitrone die Hälfte der Schale abreiben, 1 TL Saft auspressen. Peperoncino entkernen, fein hacken, Basilikum grob schneiden, alles mit dem Mascarpone glatt rühren, salzen. Tortillas mit der Mascarponemasse bestreichen, Rohschinken darauflegen, satt aufrollen. Rollen in je ca. 4 Stücke schneiden.

Stück: 125 kcal, F 8 g, Kh 8 g, E 5 g

TIPP

Vegi-Variante
Statt Rohschinken ½ Gurke, längs in Streifen geschnitten, verwenden.

Lässt sich vorbereiten
Rollen ca. ½ Tag im Voraus zubereiten, zugedeckt im Kühlschrank aufbewahren. Rollen kurz vor dem Servieren in Stücke schneiden.

Tortilla-Gipfeli mit Thon

 **15 Min.**

Ergibt 16 Stück

1 Dose	**Thon in Salzwasser** (MSC, ca. 200 g)
1 Bund	**Schnittlauch**
100 g	**Crème fraîche**
½ TL	**milder Curry**
2 Prisen	**Salz**
2	**Weizen-Tortillas** (ca. 120 g)

Thon abtropfen, zerzupfen, die Hälfte des Schnittlauchs fein schneiden, beides mit der Crème fraîche und dem Curry mischen, salzen. Tortillas in je 8 gleich grosse Kuchenstücke schneiden. Füllung darauf verteilen, zur Spitze hin aufrollen. Gipfeli mit dem restlichen Schnittlauch binden.

Stück: 55 kcal, F 3 g, Kh 4 g, E 3 g

Vegi-Variante

Statt Thon 1 Rüebli, fein gerieben, verwenden.

Lässt sich vorbereiten

Gipfeli ca. ½ Tag im Voraus zubereiten, zugedeckt im Kühlschrank aufbewahren.

Randen-Hummus-Ecken

⏱ 20 Min.   🌿 vegan   🥛 laktosefrei

Ergibt ca. 12 Stück

1 Dose	**Kichererbsen** (ca. 215 g)	Kichererbsen abspülen, abtropfen, Rande schälen, in Stücke schneiden, beides mit den Himbeeren, dem Öl und dem Zitronensaft pürieren, würzen.
1	**kleine gekochte Rande** (ca. 100 g)	
30 g	**tiefgekühlte Himbeeren,** angetaut	
3 EL	**Olivenöl**	
1 TL	**Zitronensaft**	
¼ TL	**Dukkah** (siehe Hinweis)	
½ TL	**Salz**	
wenig	**Pfeffer**	

5	**Mini-Weizentortillas** (ca. 150 g)	¾ des Randen-Hummus auf 4 Tortillas verteilen, diese aufeinanderlegen. Restliche Tortilla darauflegen, leicht andrücken. Tortilla-Schichttorte in ca. 12 Stücke schneiden. Kresse darauf verteilen. Restliches Hummus dazu servieren.
wenig	**Kresse**	

Stück: 74 kcal, F 4 g, Kh 8 g, E 2 g

TIPP

Hinweis

Dukkah ist eine afrikanisch-orientalische Nuss-Gewürz-Mischung ägyptischer Herkunft. Erhältlich in grösseren Coop Supermärkten. Ersatz: Curry.

Lässt sich vorbereiten

Tortilla-Schichttorte ca. ½ Tag im Voraus zubereiten, zugedeckt im Kühlschrank aufbewahren.

Quesadillas

 10 Min. + 6 Min. backen    vegetarisch    laktosefrei

Ergibt ca. 16 Stück

1	**Avocado**	Ofen auf 200 Grad vorheizen.
1	**Limette**	Avocado halbieren, Fruchtfleisch in eine Schüssel
1 Bund	**Schnittlauch**	geben, mit einer Gabel zerdrücken. Limette heiss ab-
¼ TL	**Chiliflocken**	spülen, trocken tupfen, wenig Schale dazureiben,
¼ TL	**Salz**	2 TL Saft dazupressen. Schnittlauch fein schneiden,
		mit den Chiliflocken daruntermischen, salzen.

4	**Weizen-Tortillas**	Zwei Tortillas auf ein mit Backpapier belegtes Blech
	(ca. 150 g)	legen. Avocadomasse darauf verteilen, Käse dar-
100 g	**geriebener Gruyère**	überstreuen, dabei ringsum einen Rand von ca. 1 cm
1 EL	**Olivenöl**	frei lassen. Rand mit wenig Öl bestreichen, mit je
		einer Tortilla belegen, Rand gut andrücken, Tortillas
		mit restlichem Öl bestreichen.

Backen: ca. 6 Min. in der oberen Hälfte des Ofens. Herausnehmen, in je ca. 8 Stücke schneiden, warm servieren.

Stück: 75 kcal, F 5 g, Kh 5 g, E 3 g

> **TIPP**
>
> Quesadillas nacheinander backen, so sind sie beide beim Servieren noch warm.
>
> **Variante**
> Statt Schnittlauch und Gruyère Koriander und Manchego verwenden.
>
> **Lässt sich vorbereiten**
> Avocadomasse ca. ½ Tag im Voraus zubereiten, zugedeckt im Kühlschrank aufbewahren.

Feigen-Ziegenkäse-Crackers

Ergibt ca. 20 Stück

4	**Knäckebrote** (z. B. 3-Saaten, ca. 100 g)
150 g	**Ziegenfrischkäse** (z. B. Chavroux Pyramide)
3	**Feigen**
2	**Zweiglein Thymian**
2 TL	**flüssiger Honig**
wenig	**Pfeffer**

Jedes Knäckebrot in ca. 5 Stücke brechen, mit dem Frischkäse bestreichen. Feigen in Schnitze schneiden, darauf verteilen. Thymianblättchen abzupfen, darüberstreuen, Honig darüberträufeln, würzen.

Stück: 39 kcal, F 2 g, Kh 4 g, E 2 g

TIPP

Varianten

Statt Ziegenfrischkäse Doppelrahm-Frischkäse verwenden.
Statt Feigen Pfirsiche oder Zwetschgen verwenden.

Lässt sich vorbereiten

Knäckebrote ca. ½ Tag im Voraus belegen, zugedeckt im Kühlschrank aufbewahren. Honig kurz vor dem Servieren darüberträufeln.

Pastrami-Bagels

 **15 Min. + 5 Min. backen**

Ergibt ca. 12 Stück

2 Frischback-Sesam-Bagels (je ca. 85 g)	Ofen auf 220 Grad vorheizen. Bagels auf ein Backblech legen.
	Backen: ca. 5 Min. in der Mitte des Ofens. Herausnehmen, etwas abkühlen, quer halbieren.
100 g Rahmquark **½ Zucchini** (ca. 100 g) **100 g Pastrami in Tranchen**	Bagels mit dem Quark bestreichen. Zucchini in Scheibchen schneiden, mit dem Pastrami auf die Bagelböden legen, Deckel darauflegen, in je ca. 6 Stücke schneiden.

Stück: 61 kcal, F 2 g, Kh 7 g, E 4 g

TIPP

Variante
Statt Pastrami Roastbeef in Tranchen verwenden.

Lässt sich vorbereiten
Bagels ca. 2 Std. im Voraus zubereiten, zugedeckt im Kühlschrank aufbewahren.

Lachs-Pittas

⏱ **15 Min. + 6 Min. backen**

Ergibt ca. 18 Stück

3	**Pittabrote** (ca. 200 g)	Ofen auf 220 Grad vorheizen. Pittabrote auf ein Backblech legen.
		Backen: ca. 6 Min. in der Mitte des Ofens. Herausnehmen, etwas abkühlen, aufschneiden.
100 g	**Frischkäse mit Pfeffer**	Pittabrotböden mit dem Frischkäse bestreichen,
160 g	**Graved-Lachs**	Brotdeckel darauflegen, in je ca. 6 Stücke schneiden.
	in Tranchen	Lachs in Stücke zupfen, Erdbeeren in Scheiben
5	**Erdbeeren**	schneiden, beides darauflegen. Dill zerzupfen, dar-
3	**Zweiglein Dill**	auf verteilen, mit dem Senf garnieren.
3 TL	**Honigsenf**	

Stück: 63 kcal, F 3 g, Kh 6 g, E 3 g

TIPP

Lässt sich vorbereiten
Pittabrote ca. 2 Std. im Voraus backen,
ausgekühlt mit Frischkäse füllen. Kurz vor
dem Servieren belegen.

Antipasti-Stängel

⏱ **15 Min.**   🥛 **laktosefrei**

Ergibt ca. 16 Stück

200 g	**Weissbrot** (z. B. Ciabatta) **Öl** zum Braten	Brot in ca. 16 Stängel schneiden. Wenig Öl in einer schichteten Bratpfanne heiss werden lassen. Brot-stängel portionenweise rundum ca. 4 Min. knusp braten.
1 Glas	**Peperoni in Öl** (ca. 290 g)	Peperoni abtropfen, auf die Brotstängel legen, d ¼ des Brotstängels frei lassen. Rohschinken läng
100 g	**Rohschinken** **in Tranchen**	halbieren, Stängel damit umwickeln. Basilikumblä abzupfen, darauf verteilen, Pfeffer darüberstreue
2	**Zweiglein Basilikum**	
wenig	**Pfeffer**	

Stück: 60 kcal, F 3 g, Kh 6 g, E 3 g

TIPP

Variante

Statt Peperoni getrocknete Tomaten oder Artischocken in Öl, halbiert, verwenden.

Lässt sich vorbereiten

Antipasti-Stängel ca. ½ Tag im Voraus zubereiten, zugedeckt im Kühlschrank auf-bewahren.

Masgonzola-Blinis

 10 Min.    vegetarisch

Ergibt 16 Stück

16	**Blinis** (ca. 135 g; siehe Hinweis)
2 EL	**Pesto**
150 g	**Masgonzola** (Gorgonzola und Mascarpone)
3	**Zweiglein Kerbel**
16	**gebrannte Mandeln** oder Rauchmandeln (ca. 20 g)

Blinis toasten oder in einer beschichteten Bratpfanne ohne Fett heiss werden lassen. Pesto auf den Blinis verteilen, Käse in Stücke schneiden, darauflegen. Kerbelblättchen abzupfen, mit den Mandeln darauf verteilen.

Stück: 92 kcal, F 8 g, Kh 4 g, E 2 g

TIPP

Hinweis

Blinis sind kleine Crêpes aus Buchweizenmehl. Sie sind in grösseren Coop Supermärkten im Fischkühlregal erhältlich. Statt Blinis 4 Scheiben Toastbrot, geviertelt, verwenden.

Gefüllte Snack-Peperoni

⏱ 10 Min.　🥕 vegetarisch　🌾 glutenfrei

Ergibt 20 Stück

10	**Snack-Peperoni** (ca. 200 g)	
125 g	**Doppelrahm-Frischkäse**	
1	**Bio-Zitrone**	
5	**Dörrtomaten in Öl**	
20 g	**Haselnüsse**	
5	**Basilikumblätter**	

Peperoni halbieren, entkernen. Frischkäse verrühren, von der Zitrone die Hälfte der Schale dazureiben, 1 TL Saft dazupressen. Tomaten abtropfen, mit den Nüssen grob hacken, Basilikum fein schneiden, alles daruntermischen. Peperoni damit füllen.

Stück: 35 kcal, F 3 g, Kh 1 g, E 1 g

TIPP

Variante
Statt Haselnüsse Dörraprikosen oder entsteinte Oliven verwenden.

Lässt sich vorbereiten
Peperoni ca. ½ Tag im Voraus füllen, zugedeckt im Kühlschrank aufbewahren.

Zucchini-Röllchen

⏱ 20 Min.   🥕 vegetarisch   ✖ glutenfrei

Ergibt ca. 20 Stück

2	**Zucchini** (je ca. 200 g) **Salzwasser,** siedend	Zucchini längs in ca. 3 mm dicke Scheiben hobeln, im siedenden Salzwasser ca. 1 Min. knapp weich kochen, mit einer Schaumkelle herausnehmen, kurz in eiskaltes Wasser legen, abtropfen, trocken tupfen.
250 g **1** **30 g** **½ Bund** **3 Prisen**	**Ricotta** **Limette** **Wasabi-Nüsse** **Koriander** **Salz**	Ricotta gut verrühren. Limette heiss abspülen, trocken tupfen, wenig Schale dazureiben, 1 TL Saft dazupressen. Nüsse fein hacken, Koriander fein schneiden, beides daruntermischen, salzen. Zucchinischeiben auf die Arbeitsfläche legen, mit der Ricottamasse bestreichen, aufrollen.

Stück: 30 kcal, F 2 g, Kh 1 g, E 2 g

TIPP

Variante
Statt Koriander Dill oder Pfefferminze verwenden.

Lässt sich vorbereiten
Zucchini-Röllchen ca. ½ Tag im Voraus zubereiten, zugedeckt im Kühlschrank aufbewahren.

Auberginen-Schiffchen

⏱ **15 Min. + 20 Min. backen**   🥕 vegetarisch

Ergibt ca. 20 Stück

1	**Aubergine** (ca. 300 g)	Ofen auf 220 Grad vorheizen.
1 EL	**Olivenöl**	Aubergine in ca. 5 mm dicke Scheiben schneiden,
¼ TL	**Salz**	auf ein mit Backpapier belegtes Blech legen, mit dem Öl beträufeln, salzen.

Backen: ca. 20 Min. in der Mitte des Ofens. Herausnehmen, etwas abkühlen.

1 EL	**Olivenöl**	Öl in einer Pfanne warm werden lassen. Erbsli an-
150 g	**tiefgekühlte Erbsli,** angetaut	dämpfen, Bouillon dazugiessen, offen ca. 5 Min. köcheln, pürieren, etwas abkühlen. Pfefferminze
1½ dl	**Gemüsebouillon**	fein schneiden, daruntermischen, würzen. Erbsli-
2	**Zweiglein Pfefferminze**	püree auf den Auberginenscheiben verteilen. Feta
	Salz, Pfeffer, nach Bedarf	fein zerbröckeln, darüberstreuen. Auberginen falten, mit Zahnstochern fixieren.
50 g	**Feta**	

Stück: 29 kcal, F 2 g, Kh 1 g, F 1 g

TIPP

Variante
Statt Pfefferminze Petersilie oder Basilikum
verwenden.

Lässt sich vorbereiten
Auberginen-Schiffchen ca. ½ Tag
im Voraus zubereiten, zugedeckt im
Kühlschrank aufbewahren.

Gefüllte Gurke mit Bresaola

⏱ **15 Min.**   ✕ *glutenfrei*

Ergibt ca. 20 Stück

40 g	**Bresaola in Tranchen**
2	**Dörraprikosen**
3	**Zweiglein glatt-blättrige Petersilie**
2 EL	**Mandelstifte**
3 EL	**Doppelrahm-Frischkäse**
	Salz, Pfeffer, nach Bedarf
1	**Gurke**

Bresaola, Dörraprikosen und Petersilie fein schneiden, alles mit den Mandeln und dem Frischkäse mischen, würzen. Gurke längs halbieren, entkernen. Masse in die Gurkenhälften füllen, wieder aufeinanderlegen. Gurke in ca. 20 Stücke schneiden, mit Zahnstochern fixieren.

Stück: 19 kcal, F 1 g, Kh 1 g, E 1 g

TIPP

Variante

Statt Bresaola Schinken, Chorizo oder Dörrtomaten in Öl verwenden.

Lässt sich vorbereiten

Gefüllte Gurke ca. ½ Tag im Voraus zubereiten, zugedeckt im Kühlschrank aufbewahren.

Bündnerfleisch-Röllchen

⏱ 10 Min.　　✷ **glutenfrei**

Ergibt ca. 12 Stück

20 g	**Baumnusskerne**
20 g	**getrocknete Cranberrys**
1 Bund	**Schnittlauch**
200 g	**Doppelrahm-Frischkäse**
80 g	**Bündnerfleisch in Tranchen**

Baumnüsse und Cranberrys grob hacken, Schnittlauch fein schneiden, alles mit dem Frischkäse mischen. Bündnerfleisch auf die Arbeitsfläche legen, Frischkäsemasse darauf verteilen, aufrollen.

Stück: 88 kcal, F 7 g, Kh 2 g, E 5 g

TIPP

Variante

Statt Bündnerfleisch Rohschinken oder Kopfsalatblätter verwenden.

Lässt sich vorbereiten

Röllchen ca. ½ Tag im Voraus zubereiten, zugedeckt im Kühlschrank aufbewahren.

Club-Sandwich-Häppchen

 **10 Min.**

Ergibt 18 Stück

6	**Scheiben Toastbrot**
1	**hart gekochtes Ei**
1 EL	**Joghurt nature**
1 TL	**grobkörniger Senf**
1 Prise	**Salz**
wenig	**Pfeffer**
80 g	**Halbhartkäse** **in Scheiben** (z. B. Cheddar)
einige	**Salatblätter** (z. B. Mini-Lattich)
50 g	**Hinterschinken** **in Tranchen**

Brote toasten. Ei schälen, grob hacken, mit dem Joghurt und dem Senf mischen, würzen. Käse auf zwei Toasts legen, die Hälfte der Eimasse darauf verteilen, je einen Toast darauflegen. Salat in Stücke zupfen, mit dem Schinken und der restlichen Eimasse darauf verteilen, mit den restlichen Toasts belegen, etwas andrücken. Je 9 Zahnstocher in die Club-Sandwiches stecken und in je 9 Häppchen schneiden.

Stück: 53 kcal, F 3 g, Kh 4 g, E 3 g

TIPP

Variante
Statt Halbhartkäse Weichkäse verwenden.

Lässt sich vorbereiten
Häppchen ca. ½ Tag im Voraus zubereiten, zugedeckt im Kühlschrank aufbewahren.

Mini-Pastetli al pomodoro

⏱ 30 Min.　🥕 vegetarisch

Ergibt 24 Stück

1 dl	Vollrahm	Rahm mit dem Mascarpone und dem Tomatenpüree steif schlagen, salzen. Basilikum fein schneiden, mit den Chiliflocken unter die Masse mischen. Masse in einen Einweg-Spritzsack füllen, ca. 15 Min. kühl stellen.
100 g	Mascarpone	
3 EL	Tomatenpüree	
¼ TL	Salz	
5	Basilikumblätter	
wenig	Chiliflocken	
24	Mini-Pastetli (ca. 160 g)	Vom Spritzsack eine ca. 1 cm grosse Spitze abschneiden, Mousse in die Pastetli spritzen. Tomaten vierteln, Pastetli damit garnieren.
6	Cherry-Tomaten	

Stück: 75 kcal, F 6 g, Kh 3 g, E 1 g

TIPP

Mini-Pastetli nach Belieben nach Angabe auf der Verpackung aufbacken. Vor dem Füllen etwas abkühlen.

Lässt sich vorbereiten

Tomatenmousse ca. ½ Tag im Voraus zubereiten, in den Spritzsack füllen, im Kühlschrank aufbewahren. Pastetli kurz vor dem Servieren füllen und garnieren.

Apéro auftischen

Bloss nicht zu perfekt: Ein Apéro ist ein gemütliches und unkompliziertes Beisammensein. Trauen Sie sich ruhig, Gläser, Schälchen, Platten und Besteck bunt zu mischen.

Apéro, gekonnt und ganz entspannt

Bleiben Sie entspannt!
Muten Sie sich und Ihren Gästen nicht
zu viel Auswahl zu, ein bis zwei Rezepte
genügen in der Regel, wenn Sie später
noch ein Menü servieren. Wenn Sie zusätz-
lich noch etwas zum Knabbern anbie-
ten, reicht das bestimmt.

Seien Sie souverän vorbereitet
Die meisten Rezepte in diesem Buch
lassen sich prima vorbereiten. Während
Sie allenfalls noch letzte Handgriffe
in der Küche erledigen, stellen Sie Ihren
Gäste schon einmal einige Chips oder
Nüsse hin.

Kühlen Sie clever
Zum Kühlstellen platzieren Sie vorberei-
tete Häppchen dicht an dicht auf ecki-
gen Schneidebrettern oder Blechen, das
ist platzsparend. Kurz vor dem Servie-
ren richten Sie Ihre Häppchen locker und
hübsch auf Tellern oder Platten an.

Bunt, fröhlich und leicht
Viele Gäste schätzen nebst Gebäck auch
leichtere Häppchen mit Gemüse und/
oder Früchten. Diese bringen zudem Farbe
in Ihren Apéro. Und Vegis freuen sich,
wenn sie mit fleischlosen Alternativen
verwöhnt werden.

Überraschungen sind schön …
… aber Ihre Gäste können ihren Hunger
besser einteilen, wenn sie wissen, was
sie erwartet. Sie müssen nicht alles ver-
raten, aber ein Hinweis wie «Es gibt vier
Häppchen, danach noch ein leichtes Menü
mit drei Gängen» ist sicher hilfreich.

Hmm, was ist das wohl?
Lassen Sie Ihre Gäste nicht rätseln.
Schreiben Sie geheimnisvolle Gerichte
wie pürierte Suppen, Teigtaschen und
Gipfeli an (Fleisch, Fisch, Vegi). Wenn Sie
die Häppchen servieren, hilft ein kurzer
Hinweis auf den Inhalt.

Apéro surprise
Falls Ihre Gäste fragen, ob Sie etwas mit-
bringen dürfen, nehmen Sie das An-
gebot an. Vielleicht geben Sie kleine Hin-
weise wie «Gern ein Apéro-Gebäck,
etwas Gemüse mit Dip», oder Sie lassen
sich einfach überraschen.

Was für wen?
Auf den nächsten Seiten zeigen wir Ihnen
Ideen für spezielle Gäste und Gelegen-
heiten. Wählen Sie ein, zwei oder mehrere
Gerichte aus und ergänzen Sie diese
nach Lust und Laune. Lassen Sie sich in-
spirieren.

Was für wen?
Lassen Sie sich inspirieren
von den Ideen auf
den nächsten Seiten.

Beliebt bei Kindern

Mit diesen Lieblingen punkten Sie bei kleinen Gourmets garantiert. Und vielleicht bekommen auch die Grossen noch ein Stück – wenn sie schnell genug sind.

Ladies Night

Die besten Begleiter von Klatsch und Tratsch! Die Nachos krönen Ihren gemütlichen Serienabend, und bei den Feta-Spiessli dürfen Sie auch zugreifen, wenn die Bikini-Saison naht.

S. 8

S. 24

S. 56

S. 74

S. 130

S. 224

Männer-abend

Nach einem Umzug stärken die Hotdogs mit Sauerkraut oder die Fleischkäse-brote. Zum Fussball servieren Sie Nachos oder Köfte, nach dem Sport oder vor einem Grillabend den Gazpacho.

S. 18

S. 58

S. 126

S. 162

S. 200

S. 230

Vor einem Menü

Diese Häppchen regen den Appetit an und lassen noch reichlich Platz im Magen für ein feines Menü. Oder suchen Sie noch den perfekten Auftakt für Ihren Raclette- oder Fondue-Abend? Hier sind Sie goldrichtig.

S. 32

S. 78

S.124

S. 154

S. 194

S. 250

Edel und elegant

Hier dürfen Sie feinste Raffinesse erwarten. Sie verbringen dennoch wenig Zeit in der Küche, dafür umso mehr mit Ihren Lieben. Zusammen geniessen Sie einen Apéro très chic.

S. 16

S. 26

S. 54

S. 118

S. 172

S. 234

Spontan und fix

Haben Sie spontane Freunde oder Nachbarn, die sich gern auch mal kurzfristig anmelden? Mit diesen leckeren Turbo-Häppchen sind Sie für jede Überraschung gewappnet.

S. 22

S. 30

S. 34

S. 52

S. 182

S. 202

Für Vegetarier

S. 10

S. 36

S. 48

S. 60

S. 72

S. 134

Apéro als Znacht

Sind Sie ein Häppchen-Fan? Dann servieren Sie doch statt eines Menüs einen Apéro dinatoire, hier ein Vorschlag, den Sie ganz nach Gusto variieren können.

S. 6

S. 44

S. 82

S. 116

S. 152

S. 242

Rezeptverzeichnis

Rezeptverzeichnis

Rezeptverzeichnis

Stichwortverzeichnis

Hinweise

Alle Rezepte in diesem Buch sind, wo nicht anders vermerkt, für 4 Personen berechnet.

Massangaben
Alle in den Rezepten angegebenen Löffelmasse entsprechen dem Betty Bossi Messlöffel.

Ofentemperaturen
Gelten für das Backen mit Ober- und Unterhitze. Beim Backen mit Heissluft verringert sich die Back- bzw. Brattemperatur um ca. 20 Grad. Beachten Sie die Hinweise des Backofenherstellers.

Nährwertberechnung
Wenn für Bratbutter oder Öl zum portionenweisen Anbraten in den Zutaten keine Menge angegeben ist, gehen wir von ½ EL pro Portion aus. Die Angabe dient zur Berechnung der Nährwerte. Nur wenn Alkohol in einem Rezept vollständig eingekocht wird, enthält er keine Kalorien mehr. Wird er zur Hälfte eingekocht, enthält er die Hälfte an Kalorien, ansonsten wird er voll berechnet.

Quellennachweis
Das im Buch abgebildete Geschirr und Besteck sowie die Dekorationen stammen aus Privatbesitz.